U&S Psychologie

Eschenröder · Hier irrte Freud

Hier irrte Freud

Zur Kritik der psychoanalytischen Theorie und Praxis

Christof T. Eschenröder

Urban & Schwarzenberg
München–Wien–Baltimore 1984

Anschrift des Autors:
Dipl.-Psych. Christof T. Eschenröder, Heidelberger Straße 35, 2800 Bremen 1

Anschrift des Wissenschaftlichen Beirates:
Prof. Dr. Dieter Frey, Institut für Psychologie der Universität Kiel, Olshausenstraße 40/60, 2300 Kiel
Prof. Dr. Siegfried Greif, Universität Osnabrück, FB 8 Psychologie, Knollstraße 15, 4500 Osnabrück
Prof. Dr. Heiner Keupp, Institut für Psychologie, Sozialpsychologische Universität München, Kaulbachstraße 93/II, 8000 München 40
Prof. Dr. Ernst-D. Lantermann, Gesamthochschule Kassel, FB 3, Heinrich-Plett-Straße 40, 3500 Kassel
Prof. Dr. Rainer K. Silbereisen, Institut für Psychologie, FB 2, Technische Universität Berlin, Dovestraße 1–5, 1000 Berlin 10
Dr. Bernd Weidenmann, Hochschule der Bundeswehr München, Fachbereich Sozialwissenschaften, Werner-Heisenberg-Weg 39, 8014 Neubiberg

Lektorat: Dr. H. Jürgen Kagelmann

Quellenhinweis für das Titelbild: Mit freundlicher Genehmigung der Sigmund Freud Copyright Ltd. England

CIP-Kurztitelaufnahme der Deutschen Bibliothek

Eschenröder, Christof T.:
Hier irrte Freud : zur Kritik d. psychoanalyt. Theorie und Praxis / Christof T. Eschenröder. – München ; Wien ; Baltimore : Urban und Schwarzenberg, 1984.
(U-&-S-Psychologie)
ISBN 3-541-14071-2

Umschlagentwurf: Dieter Vollendorf. Gesamtherstellung: Kösel, Kempten
Printed in Germany.

ISBN 3-541-14071-2

Vorwort

Mein Interesse für Psychologie wurde durch eine populärwissenschaftliche Zeitschriftenserie über Psychoanalyse geweckt. Als ich später einige Schriften von Sigmund Freud las, war ich von seinen Theorien sehr beeindruckt. Ich glaube heute, daß ich mich als Jugendlicher durch den brillanten Stil Freuds blenden ließ und den gedanklichen Gehalt seiner Behauptungen überschätzte.

Ich akzeptierte damals ganz unkritisch bestimmte psychoanalytische Lehrmeinungen, z. B. das Konzept des Ödipus-Komplexes. Ich konnte mich zwar nicht daran erinnern, daß ich meinen Vater besonders stark gehaßt oder gefürchtet hatte, als ich vier oder fünf Jahre alt war, aber das hatte ich sicherlich nur verdrängt.

Erst im Laufe meines Psychologiestudiums wurde mir klar, daß das imposante Gebäude der psychoanalytischen Theorie auf recht schwankendem Boden errichtet worden war. Je intensiver ich mich mit den Methoden der Psychoanalyse beschäftigte, um so stärker wurde meine Skepsis gegenüber der Lehre Freuds. Die Problematik der psychoanalytischen Deutungsmethode habe ich bereits 1975 in einem kurzen Aufsatz diskutiert[1*]. In diesem Buch möchte ich Freuds Theorien und sein therapeutisches Vorgehen ausführlicher beschreiben und kritisch analysieren.

Mir erschien es früher ziemlich rätselhaft, daß Vertreter der verschiedenartigsten psychotherapeutischen Richtungen immer wieder neue Beweise für die Richtigkeit des eigenen theoretischen Ansatzes finden. Freud behauptete, daß seine Krankengeschichten die psychoanalytische Theorie bestätigen und die Theorien von Adler und Jung widerlegen würden. Aber auch Adler und Jung fanden bei ihren Patienten stets, das in der Behandlung gewonnene Material würde ihre jeweiligen Theorien stützen. Für mich war es eine Art von spannender Detektivarbeit, am Beispiel verschiedener Einzelfälle von Freud herauszuarbeiten, wie diese ständigen scheinbaren Bestätigungen zustandekommen.

Ich bin Herrn Dieter E. Zimmer und Herrn Bernd Weidenmann zu

* Die hochgestellten Ziffern verweisen auf die Anmerkungen auf Seite 166f.

Dank verpflichtet, daß sie mir auf der Suche nach einem Verlag für meine Arbeit behilflich waren. Sehr wertvoll waren für mich die kritischen Anmerkungen von Frau Ursula Welsch zu einer früheren Fassung dieses Manuskripts. Herrn Jürgen Kagelmann, der dieses Buch als Lektor betreut hat, verdanke ich viele wichtige Anregungen für die Gestaltung der Arbeit. Er hat dem Buch, das ursprünglich »Seichte Tiefen« heißen sollte, seinen endgültigen Titel »Hier irrte Freud« gegeben.

Ich möchte mit dieser Arbeit zu einer erneuten Diskussion der scheinbaren oder wirklichen Erkenntnisse der Psychoanalyse anregen. Wenn sich diese Diskussion stärker auf Tatsachen als auf Idealisierungen und Verdächtigungen stützen würde, dann hätte dieses Buch sein Ziel erreicht.

Bremen, im September 1983 — Christof T. Eschenröder

Inhaltsverzeichnis

1. Einleitung

Sigmund Freud wird häufig als einer der bedeutendsten Menschen der Neuzeit bezeichnet. Er selbst verglich seine wissenschaftliche Leistung mit den Erkenntnissen von Kopernikus und Darwin. Nach Freud[1] hat die moderne Naturwissenschaft der menschlichen Eitelkeit drei schwere Kränkungen zugefügt: Erstens die *kosmologische Kränkung* durch Kopernikus, der erkannte, daß die Erde nicht im Mittelpunkt des Weltalls steht; zweitens die *biologische Kränkung* durch Darwins Abstammungslehre; drittens die *psychologische Kränkung* durch die Psychoanalyse, die die Bedeutung des Unbewußten betonte und zeigte, daß das vernünftige Ich nicht die unbeschränkte Herrschaft über die aus dem Unbewußten stammenden Triebe und Impulse besitzt.

Wie Ernest Jones[2] meint, kann man die Wirkung, die die Psychoanalyse auf das Leben der westlichen Welt ausgeübt hat, gar nicht hoch genug einschätzen. Auch der amerikanische Soziologe David Riesman rühmt Freuds Leistungen in den höchsten Tönen:

> Wenn man die Heroen der Menschheit nicht daran mißt, welche Macht über ihre Zeitgenossen sie ausgeübt haben, sondern an dem Beitrag, den sie für die Beherrschung der Natur (die menschliche Natur mit einbegriffen) und für die Bereicherung des menschlichen Geistes geleistet haben; wenn man dazuhin den Mut und das Ausharren in der Erfolglosigkeit berücksichtigt, die nötig waren, um diese Leistungen gegen alle Widerstände fertigzubringen: dann verdient Freud es, eine der größten Gestalten aller Zeiten genannt zu werden.[3]

Sogar Alice Miller, die Freuds Theorien in vielen Punkten kritisiert, sieht in seinen Aussagen über die Bedeutung der Kindheit „eine Erkenntnis, die in der Menschheitsgeschichte völlig neu ist und die eine entscheidende Wende in unser Leben bringen könnte, wenn sie in ihrer vollen Tragweite in die Öffentlichkeit durchdringen würde".[4]

Im Gegensatz dazu meinen Experimentalpsychologen wie z. B. Eysenck und Wilson[5], es sei der Psychoanalyse konsequent mißlungen, positive Beweise für die Richtigkeit ihrer Hypothesen zu liefern. Die Untersuchungsergebnisse, die gegen wesentliche psychoanalytische Lehrsätze sprechen, könnten jetzt nicht mehr unter den Teppich gekehrt werden. Auch bekannte Naturwissenschaftler beurteilen die Psychoanalyse äußerst kritisch:

Über die Aussichten der Psychoanalyse als Wissenschaft schrieb der Biologe und Nobelpreisträger Sir Peter Medawar 1975 ein paar harte, aber vermutlich treffende Sätze. Er schrieb sie voller Zorn, als ihm zur Kenntnis gekommen war, wie Psychoanalytiker eine schreckliche und mit anderen Methoden heilbare Nerven- und Muskelerkrankung jahrelang im wörtlichen Sinn „besprochen" hatten, weil sie die Krankheit nur als „Symptom", als „symbolischen Ausdruck" irgendwelcher Sexualgelüste verstehen konnten – die pure Krankenquälerei, verursacht durch die Beschränktheit der Theorie. „Psychoanalytiker werden weiterhin die fürchterlichsten Schnitzer machen", schrieb er, „solange sie an ihrem unverschämten und intellektuell lähmenden Glauben kleben, sie besäßen einen ‚privilegierten Zugang zur Wahrheit'. Die Überzeugung gewinnt an Boden, daß die doktrinäre psychoanalytische Theorie die horrendeste Bauernfängerei des zwanzigsten Jahrhunderts ist: und gleichzeitig ein Endprodukt – so etwas wie ein Dinosaurier oder ein Zeppelin in der Geschichte der Ideen, ein riesiges Gebäude nach einem ganz und gar mißlichen Plan und ohne Zukunft."[6]

Ist Sigmund Freud eines der größten Genies unseres Jahrhunderts, dessen umwälzenden Entdeckungen gerade *wegen* ihres Wahrheitsgehaltes bekämpft und abgelehnt werden? Oder sind seine Theorien so unklar, fehlerhaft und wiedersprüchlich, daß man sie heute zum größten Teil als überholt und wissenschaftlich nicht haltbar bezeichnen muß? Diese Fragen werde ich in meiner Arbeit ausführlich diskutieren. Ich gehe dabei von drei Prinzipien aus:

1. Eine genaue Überprüfung der Methoden, mit denen psychoanalytische Erkenntnisse gewonnen wurden;
2. eine möglichst sorgfältige Unterscheidung zwischen Beobachtungen und Interpretationen;

3. ein Vergleich der psychoanalytischen Erklärungen eines Sachverhalts mit alternativen Erklärungsmöglichkeiten.

Eine Einschränkung ist an dieser Stelle notwendig: Es schien mir nicht sinnvoll, auf die vielen unterschiedlichen Richtungen der *Tiefenpsychologie* einzugehen. Statt dessen möchte ich am Beispiel der „klassischen" Psychoanalyse Sigmund Freuds *exemplarisch* zeigen, auf welchen Voraussetzungen, Beobachtungen und Schlußfolgerungen psychoanalytische Theorien beruhen. Ich möchte dem Leser ermöglichen, den Gang der Argumentation nachzuvollziehen, der den theoretischen Aussagen Freuds zugrundeliegt. Erst dann ist es möglich, eigenständig zu beurteilen, wie gut oder wie schlecht fundiert seine Theorien sind. Aus drei Gründen habe ich mich entschlossen, die Theorien und die Arbeitsweise von Sigmund Freud zu untersuchen:

1. Die Freudsche Psychoanalyse ist nach wie vor die *bekannteste* und *einflußreichste* Richtung der Tiefenpsychologie. Psychoanalytische Konzepte spielen nicht nur in der Psychologie und Psychiatrie eine wichtige Rolle, sie werden auch in der Pädagogik, der Soziologie, der Völkerkunde, der Rechtswissenschaft, der Literaturwissenschaft und der Philosophie diskutiert. Außerdem wurden und werden die Vorstellungen vieler Menschen über sich selbst und über das Erleben und Verhalten anderer Menschen stark durch populärwissenschaftliche psychoanalytische Schriften geprägt.

2. Bestimmte *inhaltliche Aussagen* Freuds werden heute wahrscheinlich nicht mehr von sehr vielen Analytikern unterstützt. Eine kritische Untersuchung seiner Aussagen erscheint mir trotzdem bedeutsam, weil der *Stil der Argumentation* bei vielen psychoanalytischen Autoren ganz ähnlich ist, auch wenn sie teilweise zu anderen Schlußfolgerungen kommen.

3. Freuds Leistungen werden meiner Ansicht nach von vielen seiner Anhänger *maßlos überschätzt*. Er wird gelegentlich als ein Mann dargestellt, der tiefere und bedeutsamere Erkenntnisse über die menschliche Seele gewinnen konnte als dies jemals irgend einem anderen Menschen vergönnt war. Ich möchte in meiner Arbeit nachweisen, daß viele dieser „Erkenntnisse" Irrtümer oder ungesicherte Spekulationen sind.

Viele Kritikpunkte, die gegen Freuds Theorien und Methoden angeführt wurden, erscheinen mir auch in bezug auf die gegenwärtige

Psychoanalyse noch bedeutsam. Dörte von Drigalskis 1980 veröffentlichter Bericht über ihre Lehranalyse[7] etwa zeigt eindrucksvoll, wie eine unkritische Übernahme psychoanalytischer Dogmen zu einer massiven psychischen Beeinträchtigung von Analysanden führen kann. Eine kritische Beschäftigung mit der psychoanalytischen Deutungsmethode ist daher nicht nur eine interessante theoretische Spielerei, sondern hat auch eine große praktische Bedeutung.

Bei manchen modernen psychoanalytischen Konzeptionen habe ich den Eindruck, daß hier alter Wein in neue Schläuche gefüllt wurde. Zum Beispiel werden die grundlegenden Annahmen und Methoden Freuds nur in einer etwas veränderten Terminologie dargestellt[8]. Es gibt aber auch neue Ansätze der Psychoanalyse, die sich theoretisch und praktisch sehr weit von der orthodoxen Analyse entfernt haben; mir erscheint vor allem der Ansatz von Paul L. Wachtel[9] bedeutsam, der für eine Integration von Psychoanalyse und Verhaltenstherapie plädiert. Wachtels Kritik an der einseitigen Vergangenheitsorientierung und an den therapeutischen Methoden der klassischen Freudschen Psychoanalyse stimmt in vielen Punkten mit meinem Standpunkt überein.

Ich habe mich bemüht, die einzelnen Kapitel dieses Buches so zu schreiben, daß sie in sich geschlossen sind und auch unabhängig voneinander gelesen werden können. Wenn ein Leser z. B. nicht an der Darstellung verschiedener wissenschaftstheoretischer Konzeptionen der Psychoanalyse (Kapitel 2) oder an der Diskussion von Freuds Modell des „psychischen Apparates" (Kapitel 3) interessiert ist, kann er diese Kapitel überspringen oder sich darauf beschränken, die Zusammenfassungen am Ende des Kapitels zu lesen.

Ich möchte den Leser durch dieses Buch dazu anregen, sich kritisch mit der psychoanalytischen Theorie und Praxis zu beschäftigen. Bitte betrachten Sie aber auch *meine* sicherlich voreingenommene Kritik der Psychoanalyse mit einer skeptischen Haltung. Dieses Buch wird mit Sicherheit nicht „die Wahrheit" über die menschliche Seele enthüllen. Ich begnüge mich damit, einige weit verbreitete Irrtümer aufzuzeigen und spekulative Behauptungen über das menschliche Erleben und Verhalten in Frage zu stellen. Es ist nicht das Ziel meiner Kritik, Menschen zu verunsichern, denen eine psychoanalytische Behandlung oder die Lektüre psychoanalytischer Schriften geholfen hat, sich selbst und andere Menschen besser zu verstehen und persönliche Probleme erfolgreich zu bewältigen. Ich würde aber gerne alle *die* verunsichern, die glauben, sie hätten aufgrund ihrer psychoanalytischen Kenntnisse den großen Durchblick und wären nun zweifelsfrei in der Lage, die unbewußten Motive anderer Menschen zuverlässig zu erkennen und zu analysieren.

Allen, denen eine psychoanalytische Behandlung nicht geholfen oder sogar geschadet hat, möchte ich sagen: Lassen Sie sich nicht so ohne weiteres einreden, daß Ihre Widerstände oder besonders schwerwiegende traumatische Erlebnisse in der frühen Kindheit für diesen Mißerfolg verantwortlich sind. Es ist durchaus möglich, daß ein anderer Therapeut oder eine andere Therapieform (vielleicht auch eine Selbsthilfegruppe) für Sie persönlich besser geeignet ist, um Ihnen bei der Überwindung Ihrer Probleme zu helfen.

Zusammenfassung

Während manche Anhänger der Psychoanalyse Sigmund Freud zu den „Heroen der Menschheit" zählen und seine Theorien als die vielleicht bedeutsamsten Erkenntnisse über die menschliche Psyche betrachten, halten viele Kritiker der Psychoanalyse Freuds Methoden für unwissenschaftlich und seine theoretischen Modelle in wesentlichen Punkten für falsch.

Diese Arbeit hat das Ziel, die Freudsche Psychoanalyse kritisch zu analysieren. Dabei geht sie von drei grundlegenden Prinzipien aus: 1. Es wird überprüft, mit welchen Methoden psychoanalytische Erkenntnisse gewonnen wurden. 2. Es wird versucht, möglichst sorgfältig zwischen Beobachtungen und Interpretationen zu unterscheiden. 3. Die psychoanalytischen Erklärungen bestimmter Phänomene werden mit alternativen Erklärungsmöglichkeiten verglichen.

2. Erkenntnistheoretische Positionen in der Psychoanalyse

Ich möchte in diesem Abschnitt drei verschiedene Auffassungen über den theoretischen Standort der Psychoanalyse darstellen: Demnach kann man die Psychoanalyse erstens als Naturwissenschaft, zweitens als hermeneutische, sinnverstehende Wissenschaft oder drittens als eine empirische Sozialwissenschaft betrachten.

Der naturwissenschaftliche Ansatz Freuds

Sigmund Freud wurde 1856 geboren. Er ist also ein Kind der zweiten Hälfte des 19. Jahrhunderts, in dem Naturwissenschaften und Technik einen ungeahnten Aufschwung erlebten. Anatomisch-neurologische Themen stehen am Beginn von Freuds wissenschaftlicher Laufbahn. Als Neurologe beschäftigt er sich später mit der Behandlung nervöser Störungen. In Paris lernt er in den Jahren 1885/86 die Therapie von hysterischen Patienten mit Hypnose und Suggestion näher kennen. In seinem „Entwurf einer Psychologie für Neurologen" versucht er, eine psychologische Theorie auf neurophysiologischer Grundlage zu formulieren. Dieser Versuch, Psychologie und Neurologie zu verbinden, scheiterte aber und Freud kam später nicht mehr darauf zurück.[1] Er hoffte allerdings, in späterer Zukunft werde es möglich sein, psychologische Phänomene auf physiologische Vorgänge zurückzuführen.

Auch Freuds späteren theoretischen Konzepten ist es freilich noch anzumerken, daß sie sich an physikalischen und medizinischen Modellvorstellungen orientieren. Er nimmt an, daß in einem *psychischen Apparat,* der aus mehreren miteinander in Verbindung stehenden Elementen besteht, *psychische Energien* erzeugt, transformiert und entladen werden. Neurotische Verhaltensweisen werden als Manifestation zugrundeliegender seelischer Störungen betrachtet. Dies ist eine Analogie zur Organmedizin, wo körperliche Krankheitssymptome ein Anzeichen für gestörte Organfunktionen sind. Aus dieser Betrachtungsweise leitet sich die Ansicht ab, neurotische Symptome dürften nicht direkt behandelt werden, sondern die ihnen zugrundeliegenden unbewußten Konflikte müßten in jedem Falle aufgedeckt und beseitigt werden.

Freud glaubte, es sei ihm gelungen, „die Psychologie zu einer Naturwissenschaft wie jede andere auszugestalten".[2] Er benutzte ein ausgesprochen naturwissenschaftliches Vokabular und verwendete Begriffe wie „seelische Energie" oder „quantitative Verschiebung". Dieses Begriffssystem wurde später häufig kritisiert, da es dem methodischen Vorgehen in der Psychoanalyse nicht angemessen sei[3].

Psychoanalyse als hermeneutisches Verfahren

Mannoni[4] vergleicht die psychoanalytische Arbeit mit der Rekonstruktion eines verlorengegangenen Originaltextes, dessen ursprüngliche Form aus einem abgeänderten, zensierten und verfälschten Text erschlossen werden soll. Der Analytiker will die unbewußten Motive herausfinden, die etwa einem Traum, einer Fehlleistung, einer künstlerischen Produktion, einem neurotischen Symptom oder einer Handlung zugrundeliegen. Durch den Vergleich des manifesten Inhalts mit dem erschlossenen latenten Inhalt soll es möglich sein, die Arbeitsweise des Unbewußten zu studieren.

Viele Autoren, wie Jürgen Habermas[5], Paul Ricœur[6] und Alfred Lorenzer[7] wiesen darauf hin, daß die Psychoanalyse in ihren Methoden den hermeneutischen Wissenschaften, die sich mit der Interpretation von Texten befassen, sehr viel ähnlicher ist als den Naturwissenschaften. Habermas betrachtet die Psychoanalyse als explizit hermeneutische Wissenschaft, die sich darum bemüht, Sinnzusammenhänge zu verstehen. In der Psychoanalyse gehe es um eine Deutung der symbolischen Zusammenhänge, bei denen sich ein Subjekt über sich selbst täuscht. Durch die Interpretationen des Analytikers werde bei dem Patienten ein Prozeß der Selbstreflektion gefördert, der zu einer Befreiung von unbewußten Zwängen führen soll. Die an der Naturwissenschaft orientierte Theorienbildung Freuds bezeichnet Habermas als „szientistisches Selbstmißverständnis".[8]

Die Bedeutung des hermeneutischen, sinnverstehenden Vorgehens liegt darin, daß es zu neuen Hypothesen führen kann. Diese Hypothesen stützen sich zunächst nur auf subjektive Erfahrungen. Wenn aber die postulierten Zusammenhänge tatsächlich existieren und nicht nur auf Fehlurteilen des Analytikers beruhen, so müßte es möglich sein, sie auch mit Methoden der Erfahrungswissenschaft nachzuweisen.

Sicherlich stimmt der hermeneutische Ansatz besser mit dem methodischen Vorgehen in der Psychoanalyse überein. Es bleibt aber die entscheidende Frage zu lösen: Wie zuverlässig und zutreffend sind die Schlußfolgerungen, die durch die psychoanalytische Methode der Interpretation gewonnen werden? Diese Frage werde ich ausführlich im vierten Kapitel diskutieren.

Psychoanalyse als empirische Sozialwissenschaft

Bei vielen Annahmen von Psychoanalytikern handelt es sich um quasistatistische Aussagen. So schreibt z. B. Freud[9], er habe beobachtet, daß die Merkmale Ordentlichkeit, Sparsamkeit und Eigensinn häufig gemeinsam aufträten; Personen mit diesen Eigenschaften hätten als Kinder verhältnismäßig lange bis zur Beherrschung der Darmfunktionen gebraucht. Freud macht hier eine Aussage über gesetzmäßige Zusammenhänge. Wir erfahren allerdings nichts über die Größe oder die Zusammensetzung der Stichprobe von Personen, bei denen er diese Zusammenhänge beobachtet hat. Seine Aussagen beruhen auf der subjektiven Einschätzung des Charakters seiner Patienten und auf der eindrucksmäßigen, mathematisch nicht kontrollierten Verarbeitung dieser Informationen.

Wenn man die Psychoanalyse als Glaubenssystem betrachtet, wird man sich natürlich auf die Erfahrungen Freuds und die gleichartigen Erfahrungen anderer Analytiker verlassen, diese Hypothesen somit als richtig akzeptieren. Dabei sollte man allerdings bedenken, daß die Erfahrungen anderer Analytiker bereits durch ihre theoretischen Erwartungen beeinflußt wurden. Wenn man die Psychoanalyse dagegen als Wissenschaft ansieht, ist es nötig, die zu untersuchenden Merkmale in irgend einer Weise empirisch zu erfassen. Ordentlichkeit, Sparsamkeit und Eigensinn könnten zum Beispiel durch Fragebögen oder durch die Beobachtung des Verhaltens in speziellen experimentellen Situationen erfaßt werden. Es wäre auch möglich, eine Stichprobe von Personen zu diesen Themen zu befragen und die Interviews anschließend nach vorher festgelegten Kriterien auszuwerten. Um festzustellen, wann die Reinlichkeitserziehung abgeschlossen wurde, könnte man die Eltern befragen. Natürlich kann man alle diese empirischen Methoden wegen verschiedener Unzulänglichkeiten kritisieren; sie erscheinen mir aber immer noch zuverlässiger als ein intuitives, nicht nachprüfbares Urteil eines Analytikers.

Freud allerdings hielt eine empirische oder experimentelle Überprüfung seiner Theorien für ziemlich überflüssig. Er schrieb 1934 in einem Brief an S. Rosenzweig, der ihm seine Arbeit über Verdrängung zugesandt hatte:

> Ich habe Ihre experimentellen Arbeiten zur Prüfung psychoanalytischer Behauptungen mit Interesse zur Kenntnis genommen. Sehr hoch kann ich diese Bestätigungen nicht einschätzen, denn die Fülle sicherer Beobachtungen, auf denen jene Behauptungen ruhen, macht sie von der experimentellen Prüfung unabhängig. Immerhin, sie kann nicht schaden.[10]

Bei der Untersuchung von Freuds Falldarstellungen (Kapitel 5 bis 8) werde ich überprüfen, ob seine Behauptungen tatsächlich auf einer „Fülle sicherer Beobachtungen" beruhen.

Im Gegensatz zu naturwissenschaftlichen Gesetzen ist bei gesetzmäßigen psychologischen Zusammenhängen damit zu rechnen, daß sie einen räumlich und zeitlich begrenzten Geltungsbereich haben. Sie gelten also nur in bestimmten Gesellschaften oder gesellschaftlichen Gruppen und nur in einer bestimmten historischen Epoche. Von daher wäre es wohl sinnvoll, die erfahrungswissenschaftliche Psychologie nicht den *Natur*wissenschaften, sondern den *Sozial*wissenschaften zuzuordnen.

Ich glaube, daß aus zwei Gründen Aussagen über menschliches Erleben und Verhalten wohl niemals die Exaktheit naturwissenschaftlicher Gesetze erreichen können:

Erstens. Menschen unterscheiden sich in ihrer erblichen Ausstattung. Nur eineiige Zwillinge sind genetisch völlig gleich. Es ist zwar sehr umstritten, welche Bedeutung die Veranlagung für das menschliche Verhalten hat; es gibt aber meines Wissens keinen ernstzunehmenden Wissenschaftler, der behaupten würde, die Erbanlagen seien völlig bedeutungslos.

Zweitens. Jeder Mensch ist einmaligen Umwelteinflüssen ausgesetzt. Auch wenn die Lebensbedingungen von Menschen, die zur gleichen Zeit am gleichen Ort in der gleichen sozialen Schicht aufgewachsen sind, sehr ähnlich sein können, so sind sie doch niemals völlig gleich.

Das Zusammenwirken von einmaligen genetischen Bedingungen und einmaligen Umweltbedingungen führt zu Ergebnissen, die im Detail nicht vorausgesagt werden können.

Aus diesen Gründen können in den Sozialwissenschaften fast immer nur *statistische* und kaum jemals *deterministische* Aussagen gemacht werden. Unter einer deterministischen Aussage versteht man eine Annahme über gesetzmäßige Zusammenhänge, die mit hundertprozentiger Wahrscheinlichkeit zutrifft. Ich möchte den Unterschied zwischen statistischen und deterministischen Aussagen an einem Beispiel erläutern:

Statistische Aussage: Personen mit neurotischen Störungen wurden in ihrer Kindheit mit größerer Wahrscheinlichkeit von ihren Eltern verständnislos behandelt als dies in der Kindheit von psychisch gesunden Personen geschah.

Deterministische Aussagen: Alle neurotisch gestörten Personen wurden in ihrer Kindheit von ihren Eltern verständnislos behandelt. *Nur* Kinder, die von den Eltern verständnisvoll behandelt werden, können sich zu psychisch gesunden Erwachsenen entwickeln.

Bei der Überprüfung von deterministischen Aussagen im Bereich der Sozialwissenschaften stellt sich meistens heraus, daß den Behauptungen entweder jede solide empirische Basis fehlt oder daß die Autoren, die diese Aussagen trafen, vorliegende Ergebnisse falsch interpretierten und abweichende Daten ignorierten[11]. Deterministische Aussagen sagen oft mehr über den Dogmatismus ihres Verfassers als über reale Zusammenhänge aus. Wenn man die Psychoanalyse als empirische Sozialwissenschaft verstünde, könnten sich verschiedene Untersuchungsmethoden sinnvoll ergänzen: Durch die ausführliche Beschreibung von *Einzelfällen* kann man einen Einblick in die innere Welt und die Lebensbedingungen eines Menschen bekommen. Aus dem Vergleich mehrerer Einzelfälle können Hypothesen über allgemeine Zusammenhänge abgeleitet werden. Diese Hypothesen können dann in gut kontrollierten empirischen Untersuchungen überprüft werden.

Manche Analytiker betrachten es aber anscheinend als einen Verrat an den eigentlichen Aufgaben der Psychoanalyse, wenn ein Kollege versucht, psychoanalytische Hypothesen empirisch zu untersuchen. Andererseits gibt es aber auch Analytiker, die der Ansicht sind, daß sich hermeneutisches und erfahrungswissenschaftliches Vorgehen gegenseitig gut ergänzen. So schreibt Stavros Mentzos:

Ich sehe nicht ein, wieso Begriffe wie Kommunikation, Selbstreflexion, Bildungsprozeß erfahrungswissenschaftlichen Kriterien entzogen sein sollen. Daß psychologische Regelmäßigkeiten existieren, ist gerade die erstaunliche Entdeckung, die jeder Psychoanalytiker täglich macht.[12]

Es ist allerdings durchaus verständlich, daß orthodoxe Psychoanalytiker die empirische Überprüfung psychoanalytischer Hypothesen ablehnen. Viele theoretische Annahmen von Freud konnten in sorgfältig geplanten und durchgeführten Untersuchungen nicht bestätigt werden. Ein Beispiel: Zwischen dem sogenannten analen Charakter, der durch Ordentlichkeit, Sparsamkeit und Eigensinn gekennzeichnet sein soll, und der Strenge oder der Dauer der Reinlichkeitserziehung wurden keinerlei Zusammenhänge gefunden[13]. Würden die orthodoxen Psychoanalytiker die Ergebnisse solcher und anderer empirischer Untersuchungen zu grundlegenden psychoanalytischen Konzepten ernst nehmen, müßten sie viele Annahmen von Freud verwerfen und andere bedeutsam modifizieren.

Zusammenfassung

Drei wissenschaftstheoretische Aspekte der Psychoanalyse wurden dargestellt:

1. Die Theorien Freuds lehnen sich an naturwissenschaftliche Modelle an. Freud orientiert sich aber nur in der Terminologie und nicht in den Methoden an der Naturwissenschaft.

2. Der hermeneutische Ansatz vergleicht das Vorgehen in der Psychoanalyse mit der Interpretation von Texten. Dieser Ansatz

stimmt zwar besser mit dem methodischen Vorgehen des Analytikers überein, ist aber nicht zur kritischen Überprüfung von Hypothesen und Theorien geeignet.

3. Meiner Ansicht nach ist es am sinnvollsten, die Psychoanalyse als empirische Sozialwissenschaft zu betrachten. Gesetzmäßige Zusammenhänge können aufgrund von klinischen Erfahrungen vorhergesagt und durch die Methoden der Erfahrungswissenschaft bestätigt oder in Frage gestellt werden. Sozialwissenschaftliche Gesetzmäßigkeiten besitzen allerdings nicht die Exaktheit naturwissenschaftlicher Gesetze; ihr Geltungsbereich ist zudem an bestimmte historische Bedingungen gebunden.

3. Freuds Modell des psychischen Apparates

Freuds allgemeine psychologische Theorie, seine *Metapsychologie,* ist am Vorbild der Naturwissenschaften, vor allem an physikalischen Modellvorstellungen orientiert. In diesem Abschnitt werden zunächst die Grundbegriffe dieser Theorie dargestellt und ihr wissenschaftlicher Nutzen diskutiert. Daran anschließend werden Freuds Auffassungen über Lust und Unlust und seine Triebtheorie der Aggression besprochen.

Grundbegriffe der Freudschen Metapsychologie

Freud nimmt an, daß es einen *psychischen Apparat* gibt, der aus drei verschiedenen Instanzen besteht, die er *Es, Ich* und *Über-Ich* nennt. Die *psychische Energie,* die einem Individuum zur Verfügung steht, ist auf diese Instanzen verteilt. In frühen Schriften hatte Freud zwischen dem Unbewußten, dem Vorbewußten und dem Bewußtsein unterschieden; obwohl in beiden Konzeptionen drei Instanzen des psychischen Apparates unterschieden werden, unterscheiden sie sich in verschiedenen Punkten. Ich verzichte hier auf eine Darstellung von Freuds früheren Theorien der psychischen Struktur und gehe nur auf die Einteilung in Es, Ich und Über-Ich ein.

In dem berühmten „Abriß der Psychoanalyse", der 1953 zum ersten Mal erschien, beschreibt Freud den psychischen Apparat folgendermaßen:

> Wir nehmen an, daß das Seelenleben die Funktion eines Apparates ist, dem wir räumliche Ausdehnung und Zusammensetzung aus mehreren Stücken zuschreiben, den wir uns also ähnlich vorstellen wie ein Fernrohr, ein Mikroskop und dgl.[1]
>
> Die älteste dieser psychischen Provinzen oder Instanzen nennen wir das *Es;* sein Inhalt ist alles, was ererbt, bei Geburt mitgebracht, konstitutionell festgelegt ist, vor allem also die aus der Körperorganisation stammenden Triebe, die hier einen ersten uns in seinen Formen unbekannten psychischen Ausdruck finden.

Abb. 1 Aus: Hans Biedermann „Die Drillinge des Sigmund Freud", Verlag Dr. Jungjohann, Neckarsulm.

Unter dem Einfluß der uns umgebenden realen Außenwelt hat ein Teil des Es eine besondere Entwicklung erfahren. Ursprünglich als Rindenschicht mit den Organen zur Reizaufnahme und den Einrichtungen zum Reizschutz ausgestattet, hat sich eine besondere Organisation hergestellt, die von nun an zwischen Es und Außenwelt vermittelt. Diesem Bezirk unseres Seelenlebens lassen wir den Namen des *Ichs.*[2]

Das Ich hat die Aufgabe, die Reize der Umwelt aufzunehmen, zu speichern und zu verarbeiten und das Verhalten in zweckmäßiger Weise zu steuern, indem Unlust vermieden und Lust gesucht wird. Die dritte Instanz des psychischen Apparates ist das Über-Ich:

Als Niederschlag der langen Kindheitsperiode, während der der werdende Mensch in Abhängigkeit von seinen Eltern lebt, bildet sich in seinem Ich eine besondere Instanz heraus, in der sich dieser elterliche Einfluß fortsetzt. Sie hat den Namen des *Über-Ichs* erhalten. Insoweit dieses Über-Ich sich vom Ich sondert und sich ihm entgegenstellt, ist es eine dritte Macht, der das Ich Rechnung tragen muß.

Eine Handlung des Ichs ist dann korrekt, wenn sie gleichzeitig den Anforderungen des Es, des Über-Ichs und der Realität genügt, also deren Ansprüche miteinander zu versöhnen weiß. Die Einzelheiten der Beziehung zwischen Ich und Über-Ich werden durchwegs aus der Zurückführung auf das Verhältnis des Kindes zu seinen Eltern verständlich.[3]

Freud[4] glaubt weiter, daß die psychische Energie zwei verschiedene Formen annehmen kann: Es gibt eine gebundene und eine frei strömende, nach Entladung drängende Form der Energie. Die Quelle der Energie sind die *Triebe,* die als die letzte Ursache jeder Aktivität angesehen werden. Während Freud zunächst einen Selbsterhaltungs- und einen Arterhaltungstrieb unterschied, postulierte er in seinen späteren Veröffentlichungen zwei anders definierte Grundtriebe, nämlich *Eros* und *Destruktions- oder Todestrieb*. Die Energie des Eros bezeichnet er als *Libido*. Das Ziel des Eros sei es, immer größere Einheiten herzustellen und zu erhalten; der Todestrieb habe dagegen das Ziel,

Zusammenhänge aufzulösen und das Lebende wieder in den anorganischen Zustand zu überführen. Freud glaubt, die ganze Vielfalt des menschlichen Erlebens und Verhaltens letztlich auf diese beiden Triebe zurückführen zu können, die in unterschiedlicher Weise vermischt seien[5]. Diese Theorie ist in den meisten Punkten so vage, daß man keinerlei konkrete Folgerungen daraus ableiten kann. Im Gegensatz zur physikalischen Energie kann man die psychische Energie natürlich nicht messen. Aussagen über die Verteilung dieser fiktiven psychischen Energie auf fiktive psychische Instanzen oder über die Verschiebung und Sublimierung von Energiebeträgen haben daher einen pseudonaturwissenschaftlichen Charakter; es sind theoretische Spekulationen, denen jede solide empirische Grundlage fehlt. Freud selbst schätzte seine Triebtheorie folgendermaßen ein:

> Die Trieblehre ist sozusagen unsere Mythologie. Die Triebe sind mythische Wesen, großartig in ihrer Unbestimmtheit. Wir können in unserer Arbeit keinen Augenblick von ihnen absehen und sind dabei nie sicher, sie scharf zu sehen.[6]

Da die Aussagen über den ökonomischen Aspekt des Seelenlebens so unbestimmt sind, gibt es wohl keine Beobachtung, die diesen Aussagen widersprechen könnte. Nehmen wir z. B. an, daß ein Mann eine Frau kennenlernt, sich in sie verliebt und sie häufig trifft. Seine beruflichen Leistungen lassen darauf hin deutlich nach. Psychoanalytisch würde das heißen: Die psychische Energie, die der Mann zuvor für berufliche Leistungen verbraucht hat, hat er nun auf ein anderes „Objekt" gerichtet. (In der Terminologie von Freud pflegt man nicht zu sagen, daß ein Mensch einen anderen liebt, sondern daß er die Vorstellung eines Objektes mit Libido besetzt.) Soweit, so gut. – Wie wäre es aber zu erklären, wenn die beruflichen Leistungen des Mannes nicht absinken, sondern ansteigen würden? In diesem Fall könnte man einfach behaupten, gebundene Energie sei in frei bewegliche Energie umgewandelt worden.

Früher fand ich es sehr beeindruckend, daß mit wenigen Annahmen über die psychische Energie jedes menschliche Verhalten erklärt werden konnte. Dies ist aber nur scheinbar eine Stärke der Psychoanalyse. Theorien, die alles (vor allem im Nachhinein) erklären und nicht an der

Erfahrung scheitern können, sind so inhaltsleer wie die Wetterregel: „Wenn der Hahn kräht auf dem Mist, ändert sich das Wetter oder es bleibt, wie es ist." Aufgrund einer solchen tautologischen Aussage kann man stets „erklären", weshalb sich das Wetter geändert hat oder weshalb es gleichgeblieben ist. Es ist aber nicht möglich, aus dieser Regel eine Wettervorhersage abzuleiten. Für die psychoanalytische Theorie gilt zumindest teilweise, „daß ihr das wissenschaftlich akzeptierbare Beweismaterial weitgehend fehlt und daß sie – weil sie alles zu ‚erklären' imstande ist – nichts vorhersagen kann." (Eysenck[7])

Diese Einschätzung der Leistungsfähigkeit der psychoanalytischen Theorie wird übrigens sehr deutlich durch eine Äußerung von Sigmund Freud selbst bestätigt:

Solange wir die Entwicklung von ihrem Endergebnis aus nach rückwärts verfolgen, stellt sich uns ein lückenloser Zusammenhang her, und wir halten unsere Einsicht für vollkommen befriedigend, vielleicht für erschöpfend. Nehmen wir aber den umgekehrten Weg, gehen wir von den durch die Analyse gefundenen Voraussetzungen aus und suchen diese bis zum Resultat zu verfolgen, so kommt uns der Eindruck einer notwendigen und auf keine andere Weise zu bestimmenden Verkettung ganz abhanden. Wir merken sofort, es hätte sich auch etwas anderes ergeben können und dies andere Ergebnis hätten wir ebensogut verstanden und aufklären können. Die Synthese ist also nicht so befriedigend wie die Analyse; mit anderen Worten, wir wären nicht imstande, aus der Kenntnis der Voraussetzungen die Natur des Ergebnisses vorherzusagen.[8]

Auch für die Theorie der psychischen Instanzen gilt, daß man – nachträglich – alle Tatsachen im Lichte dieser Theorie erklären kann. Wenn ein Mensch konventionellen moralischen Forderungen gehorcht, heißt es, er habe ein starkes Über-Ich; wenn er unüberlegte sexuelle oder aggressive Handlungen begeht, kann man dies auf die Stärke des Es, die Schwäche des Ich oder die Schwäche des Über-Ich zurückführen und so fort.

Lust und Unlust

Die Annahmen Freuds über die Beziehung zwischen Lust und Unlust und dem psychophysiologischen Erregungsniveau scheinen etwas bestimmter zu sein als andere Teile seiner Theorie. Freud schreibt in dem 1920 erschienenen Aufsatz „Jenseits des Lustprinzips“:

Wir haben uns entschlossen, Lust und Unlust mit der Quantität der im Seelenleben vorhandenen – und nicht irgendwie gebundenen – Erregung in Beziehung zu bringen, solcher Art, daß Unlust einer Steigerung, Lust einer Verringerung dieser Quantität entspricht. Wir denken dabei nicht an ein einfaches Verhältnis zwischen der Stärke der Empfindungen und den Veränderungen, auf die sie bezogen werden; am wenigsten – nach allen Erfahrungen der Psychophysiologie – an direkte Proportionalität; wahrscheinlich ist das Maß der Verringerung oder Vermehrung in der Zeit das für die Empfindung entscheidende Moment.[9]

Freud geht weiterhin von der Annahme aus, „daß es ein Bestreben des seelischen Apparates sei, die in ihm vorhandene Quantität von Erregung möglichst niedrig oder wenigstens konstant zu halten“.[10]

Ist es aber richtig, daß Menschen eine Verringerung von Erregung als lustvoll und eine Steigerung als unlustvoll erleben? Zustände geringer Erregung wie Trauer und Depression werden doch als sehr unangenehm und Zustände hoher Erregung wie Begeisterung und Ekstase als sehr positiv erlebt. Also kann eine Steigerung der Erregung lustvoll und eine Verminderung enttäuschend sein. Freud[11] erkannte dies später und gab es auf, Lust und Unlust mit der Quantität der „Reizspannung“ des Organismus in Beziehung zu setzen.

Für das menschliche Verhalten ist es charakteristisch, daß Personen nach dem Erreichen von Zielen zumeist nicht längere Zeit in einem Zustand der Passivität (geringer Erregung) verharren, sondern sich neue Ziele setzen und aktiv daran arbeiten, diese Ziele zu erreichen[12]. Die Aktivität selbst wird oft als befriedigend erlebt, nicht nur die Verminderung der Spannung nach dem Erreichen des Ziels.

Eine Theorie, die von der „konservativen Natur“ der Triebe ausgeht, kann auf neue Ziele gerichtete menschliche Verhaltensweisen nicht angemessen erklären. Es ist sicherlich kein Zufall, daß in der psychoanalytischen Literatur sehr häufig der Begriff „Regression" gebraucht wird, das Wort „Progression" aber nur höchst selten.

Freuds Theorie der Aggression

Freuds *Triebtheorie der Aggression* ist auch unter Psychoanalytikern umstritten. Er nimmt an, daß die aggressive Neigung des Menschen biologisch bedingt ist. Da Aggressionen durch gesellschaftliche Normen stark eingeschränkt werden, müßten sie nach innen gewendet werden, was zum „Unbehagen in der Kulturt"[13] führe. Dies stellt er sich folgendermaßen vor:

Mit der Einsetzung des Über-Ichs werden ansehnliche Beträge des Aggressionstriebes im Innern des Ichs fixiert und wirken dort selbstzerstörend. Es ist eine der hygienischen Gefahren, die der Mensch auf seinem Wege zur Kulturentwicklung auf sich nimmt. Zurückhaltung von Aggression ist überhaupt ungesund, wirkt krankmachend (Kränkung).[14]

Zu denen, die dieses Triebmodell kritisiert haben, gehören auch die deutschen Lernpsychologen Jakobi, Selg und Belschner[15]. Sie wiesen 1971 darauf hin, daß es überhaupt keinen Erkenntnisfortschritt bedeutet, wenn man beobachtbares aggressives Verhalten auf einen „Aggressionstrieb" oder „Todestrieb" zurückführe. Selg schreibt in seinem bekannten Buch „Zur Aggression verdammt" weiter:

Es ist eine der simpelsten Annahmen in der Aggressionsliteratur, daß Aggression bzw. Aggressivität eine einheitliche Größe sei und daß man nur über ein ganz bestimmtes Aggressionsquantum verfüge. Wenn man Teile der vorhandenen Aggressionsneigung gegen andere richten kann, bleiben nach dieser Vorstellung entsprechend weniger für eine Selbstaggression übrig und umgekehrt. Das ist Schreibtischpsychologie.

Wer eingesehen hat, daß menschliches Verhalten ganz überwiegend gelernt werden muß, dem leuchtet ein, daß man Aggressionen sowohl gegen andere als auch – relativ unabhängig davon – gegen sich selbst lernen kann. Das Lernen am Modell liefert auch für die Selbstaggression eine Erklärung: Was man als Kind andere machen sieht, ahmt man nach. Wenn das Kind sich selbst als Objekt vieler Aggressionen, z. B. vieler Nörgeleien sieht, ahmt es auch das nach, richtet Aggressionen gegen sich selbst, ist stets mit sich unzufrieden usw.[16]

Es gibt, wie angedeutet wurde, auch Psychoanalytiker, denen bei Freuds klassischem Triebmodell nicht wohl ist. Piet Kuiper, ein holländischer Psychoanalytiker, faßt seine Kritik an Freuds mechanistischer Metapsychologie folgendermaßen zusammen:

Vorstellungen von einem psychischen Apparat, der wie eine Maschine aus Einzelteilen aufgebaut ist, zwischen denen Energieumsetzungen stattfinden, Betrachtungen über die Besetzung von Vorstellungen mit Libido, die eine Gegenbesetzung notwendig macht, weil sonst diese Vorstellungen ins Bewußtsein vordringen würden, haben sich als unfruchtbar erwiesen. Es ist nützlich, deutlich zu sagen: Ein psychischer Apparat besteht nicht. Es hat keinerlei Sinn, zwischen dem Gebiet von Erleben, Wahrnehmungen, Vorstellungen und Gedanken, Gefühlen und Handlungen, bewußten und unbewußten Motiven, die in Triebimpulsen wurzeln, und dem zentralen Nervensystem etwas einzuschieben, das man psychischen Apparat nennt. Der psychische Apparat, das heißt das organische Substrat für psychische Funktionen, ist das zentrale Nervensystem, und das erforscht man nicht, indem man einen Analysanden nach seinen Einfällen fragt, sondern mit Hilfe von Neuroanatomie und Neurophysiologie.[17]

Zusammenfassung

Freud macht in seiner Metapsychologie, die sich an physikalische Modellvorstellungen anlehnt, die folgenden Annahmen: Es gibt einen *psychischen Apparat,* der aus mehreren Instanzen zusammengesetzt ist, nämlich: *Es* (Triebe), *Ich* (Realitätsprüfung und Steuerung von Handlungen) und *Über-Ich* (moralische Normen der Eltern und der Kultur).

Freud postuliert zwei grundlegende Triebe, nämlich *Eros* und *Destruktionstrieb*. Diese Triebe sieht er als Quelle der *psychischen Energie* an. Das menschliche Verhalten wird dadurch bestimmt, wie die psychischen Energien auf die einzelnen Instanzen verteilt sind und wie sie eingesetzt werden.

Da es nicht möglich ist, psychische Energien zu messen, hat dieser Ansatz einen pseudo-naturwissenschaftlichen Charakter. Es ist zwar möglich, alle Tatsachen nachträglich im Sinne der psychoanalytischen Theorie zu „erklären“, es können aber keine Voraussagen daraus abgeleitet werden.

Die Annahmen von Freud über die Beziehung zwischen Lust bzw. Unlust und Erregungsniveau und seine Triebtheorie der Aggression wurden diskutiert und als empirisch nicht haltbar zurückgewiesen.

4. Die psychoanalytische Methode der Interpretation

Ich träumte einmal, daß mir die Haare ausfielen. Da sagte mir jemand, ich hätte eben Angst, impotent zu werden. Vielleicht bedeutete es aber einfach nur, daß ich Angst vor Haarausfall hatte.

Peter Handke[1]

Viele moderne Psychoanalytiker halten Freuds naturwissenschaftlich orientierte Theorie des psychischen Apparates für eine mechanistische Fehlkonstruktion. Sie sehen aber nach wie vor in der Psychoanalyse ein wertvolles, hilfreiches Verfahren, das es ermöglicht, unbewußte Sinnzusammenhänge zu verstehen. Wenn man diese Auffassung einmal akzeptiert, dann bedeutet dies, daß der wissenschaftliche Status der Psychoanalyse mit der Zuverlässigkeit und Gültigkeit der analytischen Deutungsmethode steht und fällt. In diesem Abschnitt sollen daher zunächst die Grundgedanken der psychoanalytischen Methode dargestellt und kritisiert werden. Am Beispiel der Interpretation von Träumen und Fehlleistungen werden mögliche alternative Sichtweisen besprochen. Schließlich wird gezeigt, daß die psychoanalytische Behandlung ein Prozeß ist, in dem der Patient aktiv im Sinne der Theorie seines Therapeuten beeinflußt wird.

Die Deutung von Träumen

Freud[2] leitete wesentliche Annahmen über die Arbeitsweise des Unbewußten aus der Analyse seiner *eigenen* Träume ab. Er betrachtete die Traumdeutung als den „Königsweg zum Unbewußten“:

Den Weg zum Verständnis („Deutung“) des Traumes beschreiten wir, indem wir annehmen, daß das, was wir als Traum nach dem Erwachen erinnern, nicht der wirkliche Traumvorgang ist, sondern nur eine Fassade, hinter welcher sich dieser verbirgt. Dies ist unsere Unterscheidung eines *manifesten* Trauminhaltes und der *latenten* Traumgedanken. Den Vorgang, der aus den letzteren den ersteren hervorgehen ließ, heißen wir die *Traumarbeit.* Das Studium der Traumarbeit lehrt uns an einem ausgezeichneten Beispiel, wie unbewußtes Material aus dem Es, ursprüngliches und verdrängtes, sich dem Ich aufdrängt, vorbewußt wird und durch das Sträuben des Ichs jene Veränderungen erfährt, die wir als die *Traumentstellung* kennen.[3]

Aus der Analyse von Träumen erschließt Freud also die „Gesetze des Ablaufes im Unbewußten". Wenn eine Person zu einem Traumelement viele verschiedene Assoziationen äußert, nimmt er an, dieses Element sei durch *Verdichtung* entstanden. Wenn die Assoziationen Ähnlichkeiten oder Gegensätze zu einem Traumelement beinhalten, schließt er, dieses Element sei durch entsprechende *Verschiebungen* aus dem latenten Traumgedanken entstanden. Der Rückschluß von den Assoziationen zu einen Traum, die ein Mensch im Wachzustand äußert, auf die Arbeitsweise des Unbewußten ist freilich überaus problematisch. Der deutsche Psychologe William Stern kritisierte schon 1901 in seiner Besprechung von Freuds „Traumdeutung" diese Annahme, man könne durch Assoziationen zu dem Traum den Vorgang der Traumentstehung untersuchen. Stern betont besonders, daß die Richtung der sogenannten freien Assoziationen von Freuds Patienten „durch sehr eindringliche Ausfragung und Belehrung, über den Wunschcharakter des Traumes, beeinflußt ist"[4].

Diese Bedenken von William Stern erscheinen mir sehr berechtigt, werden sie doch durch eine Unzahl von Berichten und Beobachtungen gestützt. So zeigt z. B. ein Bericht von Carl Gustav Jung[5] über Freuds Vorgehen bei der Deutung eines Traumes, wie jener seine Analysanden ganz im Sinne seiner Theorie beeinflußte: Jung erzählte Freud während ihrer gemeinsamen Amerikareise im Jahre 1909 einen Traum. In diesem Traum steigt er in einem Haus immer tiefer, bis er in eine niedrige Fehlshöhle gelangt, wo er zwei halb zerfallene Menschenschädel entdeckt. Jung berichtet, daß Freud bei der Deutung dieses Traumes, der ziemlich viele Details enthielt, immer wieder auf die Schädel zu sprechen kam und ihm nahelegte, in diesem Zusammenhang einen Wunsch herauszufinden. Jung wußte natürlich, daß Freud auf geheime Todeswünsche hinauswollte, obwohl ihn diese Deutung nicht überzeugte, sagte er schließlich auf intensives Drängen hin, daß ihm seine Frau und seine Schwägerin einfallen würden. Freud war mit dieser Antwort offensichtlich sehr zufrieden. Wahrscheinlich kommt es nicht so häufig vor, daß ein Analysand seinem Analytiker *absichtlich* eine *falsche* Antwort gibt, um dessen Reaktion auf diese Antwort herauszufinden. In vielen Fällen dürfte sich der Analysand an die Erwartungen seines Analytikers anpassen, ohne daß ihm dies klar bewußt ist. Wenn er z. B. mehrfach die Erfahrung gemacht hat, daß längliche Gegenstände (Schlüssel, Waffen usw.) als Phallussymbole gedeutet werden, so wird er früher oder später „spontan" entsprechende Einfälle zu solchen oder ähnlichen Traumelementen produzieren. Man kann wohl davon ausgehen, daß die Assoziationen einer Person vermutlich sehr deutlich durch ihre Annahmen über die Bedeutung von Träumen beeinflußt werden. Bei den Klienten einer Psychoanalyse werden diese Annahmen ebenso wahrscheinlich durch die Lektüre psychoanalytischer Schriften und durch die erfahrenen Erwartungen des Analytikers bestimmt. Ja, wahrscheinlich werden nicht nur die Einfälle von Patienten zu ihren Träumen, sondern auch die *Träume selbst* durch den Therapieprozeß beeinflußt, wie Christoph Fischer in einer sehr interessanten Untersuchung zeigte: Die Träume von Patienten freudianischer Therapeuten enthielten häufiger *sexuelle,* triebdynamische und intensiv-affektive Inhalte; Patienten von Therapeuten, die sich an C. G. Jungs Archetypentheorie orientierten, hatten dagegen häufiger Träume mit *mythologischen* Inhalten.[6]

William Stern äußerte in der erwähnten Schrift schon 1901 die Befürchtung, mit den Methoden der Freudschen Traumdeutung könne man „mit Allem Alles beweisen".[7] Tatsächlich kann ein Traumelement X nach den Regeln der Traumdeutung in manchen Fällen X bedeuten; es kann ein anderes Element ersetzen, das X ähnlich ist oder auch nur geringfügige Gemeinsamkeiten mit X hat; es kann ebenso das Gegenteil von X bedeuten. Das Spektrum der Bedeutungsmöglichkeiten eines einzigen Elements ist also ausgesprochen groß. Ein Traum besteht aber aus einer größeren Zahl von Elementen und ihren Verknüpfungen; auf alle diese Elemente und ihre Verknüpfungen können die psychoanalytischen Deutungsregeln angewendet werden. In ähnlicher Weise werden auch Fehlleistungen (z. B. Vergessen, Versprechen, Verschreiben), neurotische und psychotische Symptome, künstlerische Gestaltungen und kulturelle Phänomene interpretiert. Aus der obigen Beschreibung der Interpretationsregeln wird deutlich, daß die Gefahr der Willkürlichkeit von Deutungen ausgesprochen groß ist. Durch eine geschickte Kombination von Annahmen über Verschiebungen aufgrund von Ähnlichkeiten oder Gegensätzen kann wahrscheinlich jedes beliebige Traummaterial mit jeder beliebigen Hypothese in Verbindung gebracht werden. Solche Interpretationen werden dann oft fälschlicherweise als Beweis für die Richtigkeit der psychoanalytischen Theorie betrachtet. (Wer dieses Urteil für übertrieben und ungerecht hält, den möchte ich auf die ausführliche kritische Besprechung einer bekannten Freudschen Traumdeutung im achten Kapitel verweisen.)

Freud[8] nimmt an, daß Träumen stets ein *Wunsch* zugrundeliegt, der der Person aber meist *nicht bewußt* ist. In manchen Fällen ist diese Hypothese überaus einleuchtend; Angstträume oder Träume mit peinlichem Inhalt scheinen dagegen der Wunscherfüllungstheorie zu widersprechen. Freud macht darauf bezogen die Zusatzannahme, daß Träume, die das Ich ängstigen oder ihm peinlich sind, für das unbewußte Es eine Befriedigung darstellen. Sehr viel einfacher und plausibler wäre allerdings die Annahme, daß *alle* Erlebnisinhalte (nicht nur Wünsche und Triebimpulse) in direkter oder indirekter Form in Träumen auftauchen können. Der eher sozialpsychologisch orientierte Analytiker Erich Fromm nimmt im Gegensatz zu Freud an, „daß der Traum jedes Gefühl, jeden Wunsch, jede Angst oder jeden Gedanken darstellt, falls diese nur wichtig genug sind, um im Schlaf gegenwärtig zu sein“[9].

Der Psychologe Hans-Jürgen Eysenck kritisierte an Freuds Traumtheorie vor allem die Annahme, daß im Traum sozial nicht akzeptable Wünsche und Begierden in verhüllter Form dargestellt würden, weil sie für das Bewußtsein unannehmbar seien[10]. Es gibt in der Tat mehrere schwerwiegende Einwände gegen diese Hypothese: Zum Beispiel weist Eysenck anhand von Beispielen aus der psychoanalytischen Literatur nach, daß manchen Patienten die Wünsche, die in ihren Träumen symbolisch zum Ausdruck gekommen waren, auch im Wachzustand klar bewußt waren. Weiterhin verträgt sich mit der Annahme Freuds nicht die Beobachtung, daß ein Wunsch, der in einem Traum symbolisch ausgedrückt wird, in einem anderen Traum ganz unverhüllt zum Ausdruck kommen kann. Schließlich sind manche Symbole, die angeblich den latenten Traumgedanken verstecken, auch für Menschen *ohne* psychoanalytische Vorbildung durchaus verständlich. Eysenck meint, daß die Tendenz zur bildhaften Darstellung von Gedanken im Traum nichts mit der Abwehr unannehmbarer Triebimpulse zu tun hat. Er schlägt daher die folgende Alternative zur Freudschen Traumtheorie vor:

> Unsere Wünsche, Hoffnungen, Befürchtungen, unsere Probleme und ihre Lösung, unsere Beziehungen zu anderen Menschen – das sind die Dinge, über die wir im Wachen nachdenken, und das sind die Dinge, von denen wir träumen, wenn wir schlafen. Der Hauptunterschied ist der, daß die geistige Aktivität sich im Schlaf auf einer niedrigeren, weniger komplizierten Ebene abzuspielen und auf archaischere Weise Ausdruck zu finden scheint.[11]

Wenn man – wie Eysenck – annimmt, daß alle Erfahrungen eines Menschen im Traum verarbeitet werden können, dann stellt die Freudsche „Wunschtheorie" nur einen *Spezialfall* dieser allgemeineren Traumtheorie dar. Die Annahme, daß Träumen ein Wunsch zugrunde liegt, scheint in manchen Fällen zuzutreffen; in anderen Fällen zwingt diese Hypothese die Anhänger der klassischen Psychoanalyse zu unnötig komplizierten und oft sehr zweifelhaften Zusatzannahmen, um Träume deuten zu können.

Die Deutung von Fehlleistungen

Ich möchte die Möglichkeiten und Grenzen der psychoanalytischen Deutungsmethode am Beispiel der *Fehlleistungen,* mit denen sich Freud[12] ja ausführlich beschäftigte, weiter untersuchen. Auch wenn die theoretischen Grundlagen dieser Interpretationsmethode sehr zweifelhaft sind, erscheinen *manche* Deutungen als sehr einleuchtend und plausibel. Aber kann man daraus schließen, daß *alle* Fehlleistungen im Sinne der Freudschen Theorie interpretiert werden können (oder müssen)? Woher weiß man eigentlich, ob auch eine komplizierte, nicht unmittelbar einleuchtende Interpretation zutreffend ist? Ich möchte diese Fragen anhand von zwei nicht erfundenen Beispielen diskutieren:

1. In einer Konferenz des Fachbereichs Psychologie an einer westdeutschen Universität gelingt es nicht, Einigkeit über die Ausschreibung einer Planstelle zu erzielen. Die studentischen Vertreter werden nach einer heftigen Diskussion überstimmt. Sie verlangen, daß ein *Minderheitsgutachten* veröffentlicht wird. Dies billigt ein Psychologieprofessor auch zu, und zwar mit den Worten: „Ich bin grundsätzlich der Meinung, daß auch *minderwertige Gutachten* veröffentlicht werden sollten."

2. Derselbe Professor verwechselt in einer Vorlesung über Lernpsychologie den Namen des bekannten amerikanischen Psychologen *Thorndike* mit dem des nicht minder bekannten *Thurstone*.

Im ersten Beispiel erscheint es als sehr plausibel, daß der Versprecher durch eine unterdrückte Verhaltenstendenz bedingt ist, nämlich die von starken Emotionen begleitete ablehnende Haltung des Professors zum Standpunkt der Studenten. Diese Äußerung des Professors geschah wohl in der bewußten Absicht, ein großzügig erscheinendes Zugeständnis an die Studenten zu machen. Aufgrund der klanglichen Ähnlichkeit der Wörter „Minderheit" und „minderwertig" kam es zu einem Eindringen der unterdrückten Verhaltenstendenz in die Aussage des Professors. Freud scheint hier also recht zu haben.

Beruht auch im zweiten Beispiel die Verwechslung auf unterdrückten Verhaltenstendenzen oder unbewußten Motiven des Professors? Hat er eine Abneigung gegen die Theorien und Forschungen von Thorndike? Ist er neidisch auf dessen wissenschaftliche Leistungen? Oder erinnert ihn der Name an irgend ein unangenehmes Ereignis in seinem Leben? Das ist natürlich alles nicht unmöglich. Vielleicht handelt es sich aber auch um eine ganz triviale Verwechslung, die nur dadurch bedingt ist, daß sich die Wörter nicht nur im Klang, sondern auch in der Bedeutung (beides sind Namen amerikanischer Psychologen) ähnlich sind. An dieser Stelle ist an ein bekanntes und akzeptiertes Ergebnis lernpsychologischer Untersuchungen und Alltagsbeobachtungen zu erinnern, wonach Verwechslungen um so wahrscheinlicher sind, je ähnlicher das eingeprägte Gedächtnismaterial ist.

Die Freudschen Fehlleistungen stellen meiner Ansicht nach einen Spezialfall der Überlagerung verschiedener Reaktionstendenzen dar. Eine unbewußte oder sozial unerwünschte Verhaltenstendenz dringt dabei in eine Äußerung oder Handlung ein, ohne daß die Person dies beabsichtigt hat. Es gibt aber auch viele Fehlleistungen, die nicht einen solchen „tieferen Sinn" haben.[13]

Manche Analytiker gehen anscheinend von der Annahme aus, Menschen würden fehlerfrei denken und handeln, wenn sie nicht unter dem Einfluß unbewußter Motive stehen. Diese Annahme ist ganz und gar unrealistisch. Auch bei gefühlsmäßig *neutralen* Themen denken und urteilen Menschen nicht vollkommen logisch und sachlich, sondern sie machen charakteristische Fehler.[14]

Die Psychoanalyse als Beeinflussungsprozeß

Bei der Besprechung der psychoanalytischen Traumdeutungsmethode habe ich bereits darauf hingewiesen, daß die Interaktion zwischen Therapeut und Patient nicht nur die Assoziationen des Patienten zu seinen Träumen, sondern auch auf den Inhalt der Träume beeinflußt, und zwar im Sinne der Theorie, der der Therapeut anhängt. Meiner Ansicht nach kann man die Entwicklung einer ganzen Gruppe unterschiedlicher tiefenpsychologischer Schulen sehr viel besser verstehen, wenn man Psychotherapie nicht als das gelungene Aufdecken einer verborgenen Wahrheit, sondern als einen aktiven, erfolgreichen Beeinflussungsprozeß betrachtet. Ein Prozeß, in dem der Patient zumindest teilweise die Auffassungen seines Therapeuten über die Ursachen und die Überwindung psychischer Störungen übernimmt, sie „internalisiert". Ein Therapieerfolg – und das ist heute keineswegs mehr verblüffend – kann auch dann eintreten, wenn die vom Therapeuten vermittelten Theorien offensichtlich falsch oder einseitig sind.

In diesem Zusammenhang ist es wichtig, auf die historischen und sozialen Begleitumstände einzugehen, unter denen sich einflußreiche tiefenpsychologische Theorien entwickelten. Ein Versuch in dieser Richtung ist die Analyse von Haseloff, der die Theorien von Freud, Adler und Jung aus den zur Zeit ihrer Begründung herrschenden gesellschaftlichen Bedingungen und vor allem aus den Erfahrungen dieser Therapeuten mit unterschiedlichen Gruppen von Patienten ableitet[15]. Haseloff weist zum Beispiel auf die starke Betonung der Sexualität für die Entstehung von Neurosen in der Lehre Sigmund Freuds hin, die nur vor dem Hintergrund der strikten Sexualtabus der viktorianischen Epoche zu erklären sei. Damals war die bürgerliche „doppelte Moral" ein gesellschaftliches Dauerprovisorium, das sexuelle Probleme erleichtern sollte, sie aber nicht lösen konnte. Die Patienten Freuds stammten fast immer aus feudalen oder großstädtischen Bildungsschichten.

Da materielle Existenzsorgen bei Ihnen keine Rolle spielten, konnten *sexuelle* Probleme ganz in den Vordergrund treten (wenn auch in verschleierter Form). Freud beschäftigte sich in der Frühphase der Psychoanalyse mit hysterischen Patientinnen, bei denen die sexuelle Thematik besonders bedeutsam war. Aufgrund seiner Heilerfolge kamen immer mehr Patientinnen mit gleicher Symptomatik zu Freud; dies führte zunächst zu einer ständigen Bestätigung seiner Anschauungen.

Die Mehrzahl der Patienten Adlers kam dagegen aus den unteren Schichten. Für sie war vermutlich die Problematik der Anerkennung, der Geltung und des Aufstiegs sehr viel bedeutsamer als für die etablierten Patienten Freuds aus den „besseren Kreisen". Daher mag für Adler das Macht- und Geltungsstreben zum entscheidenden Motiv des menschlichen Verhaltens geworden sein[16].

Wenn die Überlegungen von Haseloff richtig sind, können sie zwar die *Entstehung* der verschiedenen tiefenpsychologischen Schulen verständlich machen, aber nicht die *Aufrechterhaltung* der jeweiligen Lehrmeinungen. Es ist wohl kaum möglich, daß alle Patienten in ihrer Problematik von vornherein den Erwartungen ihres Therapeuten entsprechen. Es muß andere Mechanismen geben, mit denen auch abweichende Fälle in die jeweilige Theorie eingepaßt werden können. Eine Äußerung Freuds gibt einen Hinweis darauf, welche Mechanismen im Spiel sein mögen:

> Dieses Material von Einfällen, welche der Kranke geringschätzig von sich weist, wenn er unter dem Einflusse des Widerstandes anstatt unter dem des Arztes steht, stellt für den Psychoanalytiker gleichsam das Erz dar, dem er mit Hilfe von einfachen Deutungskünsten seinen Gehalt an wertvollem Metall entzieht.[17]

Welches Material ist als „wertvolles Metall" zu betrachten? Dies hängt offenbar von der jeweiligen Theorie des Therapeuten ab. Folglich wird die Aufmerksamkeit des Patienten entweder direkt – durch Fragen oder Aufforderungen – oder indirekt auf die Thematik gelenkt, die den Analytiker interessiert.

In diesem Zusammenhang ist der Bericht eines Herrn Blanton,

Analysand von Freud, sehr aufschlußreich, den Cremerius wie folgt referiert:

Bemerkenswert ist auch, daß Freud neben dem Sprach- und Handlungskontakt mit dem Patienten auch noch eine präverbale Kommunikationsform praktizierte. Blanton berichtet, daß Freud in seiner Kehle ein grunzendes Geräusch machte, um anzudeuten, daß er mit ihm übereinstimme und/oder sympatisiere.[18]

In einer Reihe von Experimenten über *verbale Konditionierung* wurde nachgewiesen, daß die Häufigkeit des Auftretens bestimmter sprachlicher Äußerungen durch zustimmende Reaktionen des Gesprächspartners (z. B. „hm"s) *erhöht* werden kann; unter dem Einfluß schweigender Nichtbeachtung werden verbale Äußerungen dagegen seltener.[19] Der Analytiker beeinflußt seinen Patienten aber nicht nur durch verbale Konditionierung. Er versucht auch, die Erwartungen des Patienten in eine bestimmte Richtung zu lenken. Freud schreibt zu diesem Thema:

Jedesmal gibt der Arzt in der Analyse dem Patienten die bewußten Erwartungsvorstellungen, mit deren Hilfe er imstande sein soll, daß Unbewußte zu erkennen...[20]

Auch *Konstruktionen und Interpretationen* können das Selbstbild eines Patienten massiv beeinflussen. Wenn der Analytiker aus Erinnerungsbruchstücken vergangene Ereignisse erschließt und seine Annahmen dem Patienten mitteilt, wird dies als *Konstruktion* bezeichnet. Wenn er dem Patienten die Bedeutung seines Verhaltens, die verborgenen Motive, die seinem Handeln anscheinend zugrundeliegen, verständlich zu machen versucht, wird dies als *Deutung* oder *Interpretation* bezeichnet. Sofern der Patient eine Interpretation akzeptiert, kann dies als Bestätigung aufgefaßt werden, sofern er sie verwirft, dagegen als Widerstand. Da der Analytiker die Spielregeln der Therapie bestimmt, somit auch bestimmt, was als *„Widerstand"* aufzufassen ist, kann er immer gewinnen, wenn er daran interessiert ist. Freud hält allerdings die indirekte Bestätigung von Konstruktionen und sicherlich auch von Interpretationen für wichtiger als die direkte Akzeptierung durch den Patienten, denn:

Das direkte „Ja" des Analysierten ist vieldeutig. Es kann in der Tat anzeigen, daß er die vernommene Konstruktion als richtig anerkennt, es kann aber auch bedeutungslos sein oder selbst, was wir „heuchlerisch" heißen können, indem es seinem Widerstand bequem ist, die nicht aufgedeckte Wahrheit durch eine solche Zustimmung weiterhin zu verbergen. Einen Wert hat dies Ja nur, wenn es von indirekten Bestätigungen gefolgt wird, wenn der Patient in unmittelbarem Anschluß an sein Ja neue Erinnerungen produziert, welche die Konstruktion ergänzen und erweitern.[21]

Als *indirekte Bestätigungen* werden Assoziationen, Träume, Fehlleistungen oder symptomatische Verhaltensweisen betrachtet, die mit der Deutung übereinstimmen. Diese indirekten Bestätigungen wären dann sehr überzeugend, wenn man wüßte, daß sie *nur* bei zutreffenden Interpretationen auftreten. Es gibt aber gute Gründe für die Annahme, daß auch falsche Interpretationen den gleichen Effekt haben können. Hemminger, ein deutscher Biologe und Verhaltensforscher, berichtet z. B. aufgrund seiner Erfahrungen mit der Primärtherapie Arthur Janovs – die man in mancher Hinsicht als einen Abkömmling der Psychoanalyse ansehen kann – daß Patienten *die* Theorien prompt bestätigten, die an den jeweiligen Instituten vertreten werden.

Die Möglichkeit, daß die durchlebten Konstellationen und die erinnerten Szenen, die die Teilnehmer schildern, gar nicht authentisch sein könnten, wird von Janov noch nicht einmal erwogen. Er und alle anderen Primärtherapeuten gehen von der Voraussetzung aus, daß die Primärgefühle in jedem Fall wahr, richtig und ernstzunehmen sind. Es gibt aber gute Gründe, auch die gegenteilige Ansicht genau zu prüfen. Die Art und die Häufigkeit verschiedener Inhalte sind stark von der Theorie abhängig, die der Teilnehmer hat, und entsprechend verschieden sind die Primärerlebnisse in verschiedenen Institutionen. Diese Abhängigkeit kann groteske Formen annehmen. In einer Institution, in der die Ansicht vertreten wurde, das Primärerlebnis könne bis zum Wiedererleben von Erfahrungen führen, die die Vorfahren machten, treten prompt entsprechende Phänomene auf: Ein Teilnehmer spricht hebräisch, und man stellt fest, daß er einen jüdischen Rabbiner als

Vorfahr hatte. Ein anderer erlebt es, wie ein Vorfahr aus einem brennenden Haus gerettet wird, und man findet die Geschichte nachträglich in etwa bestätigt. Andere Teilnehmer in derselben Institution erleben sich im Primärerlebnis als Tier, zum Beispiel als Wildkatze. Der Leiter der Institution kann all dies erklären, da er an das „Zellkerngedächtnis" glaubt. In Institutionen, wo solche Theorien nicht vertreten werden, oder in meiner Gegenwart tauchten auch die entsprechenden Phänomene nie auf...[22]

Freud[23] ist der Meinung, der Patient würde falsche Konstruktionen ignorieren, auf sie weder mit Ja noch mit Nein reagieren. Leider begründet er diese Ansicht nicht. Im Alltagsleben ist es aber nicht ungewöhnlich, daß falsche Behauptungen eines Gesprächspartners zurückgewiesen werden, und zwar nicht selten sogar mit starker emotionaler Empörung. Warum sollte dies nun in der psychoanalytischen Therapie anders sein? Eigentlich doch nur deswegen, weil viele Patienten merken, daß ein Widerspruch gegen die Äußerungen des Analytikers sinnlos ist, da er als „Widerstand" gedeutet wird; daher schweigen sie im weiteren Verlauf der Behandlung, sofern eine Interpretation ihrer Meinung nach nicht zutrifft.

Wenn es dem Analytiker gelingt, das Selbstkonzept des Patienten im Sinne der vorgefaßten psychoanalytischen Theorie zu beeinflussen, wird jener beginnen, sein eigenes Erleben analytisch, also „richtig" zu deuten; er wird immer häufiger immer mehr Äußerungen produzieren, die der Theorie seines Therapeuten entsprechen.

Versuchen wir zu systematisieren. Eine ständige scheinbare Bestätigung der psychoanalytischen Theorie kann folgendermaßen erreicht werden:

1. Der Analytiker beeinflußt den Patienten, indem er ihm deutlich macht, welche Inhalte für die Therapie besonders wichtig sind.

2. Äußerungen, die dem Therapeuten als relevant erscheinen, werden beachtet und verstärkt, während andere Inhalte nicht oder weniger beachtet werden.

3. Konstruktionen und Interpretationen seitens des Analytikers beeinflussen das Selbst- und Weltbild des Patienten.

4. Abweichende, mit der Theorie nicht übereinstimmende Äußerun-

gen werden häufig als Widerstand gedeutet (und entsprechend „bearbeitet").

5. Wenn der Patient die analytischen Deutungen annimmt und in sein Selbstkonzept integriert, wirkt sich dies auf sein Denken, Fühlen und Handeln aus. Er wird daher häufig direkte oder indirekte Bestätigungen für die Theorie seines Therapeuten liefern.

Dies gilt selbstverständlich nicht nur für die psychoanalytische Therapie. In *allen* Therapieformen beeinflußt der Therapeut mehr oder weniger stark das Selbst- und Weltbild des Patienten. Dies ist auch therapeutisch überaus sinnvoll, wenn man davon ausgeht, daß psychische Störungen auf negativen, unrealistischen oder übermäßig starren Einstellungen eines Menschen zu sich selbst, zu anderen Menschen und zu seiner gesamten Lebenssituation beruhen.[24] Da die Äußerungen von Patienten immer vom Therapeuten beeinflußt werden, sollten sie nur mit größter Vorsicht als Beweismaterial zur Stützung von Theorien über die Entstehung psychischer Störungen verwendet werden.

Der Psychoanalytiker Manfred Pohlen[25] meint, daß es keine Regel gebe, um gültige Deutungen von Spekulationen zu unterscheiden. Daher sei eine Validierung der psychoanalytischen Theorie durch die Erforschung der Deutungsvorgänge nicht möglich. Diese notwendige Validierung lasse sich aber durch Untersuchungen über die Veränderungen erreichen, die durch die Therapie bedingt werden.

Eine Besserung des Patienten ist indes kein Beweis für die Richtigkeit der Theorie des Therapeuten; genausowenig sagt ein Scheitern der Behandlung etwas über ihre Falschheit aus. Denn in den meisten Formen der Psychotherapie sind bestimmte unspezifische Faktoren wirksam: So hat der Patient die Möglichkeit, *wiederholt* mit einem Therapeuten über seine Probleme zu sprechen, was oft schon erleichternd wirkt; er erhält in den meisten Therapieformen eine plausibel erscheinende Erklärung für seine Störungen; schließlich lernt er ein Verfahren, das ihm helfen soll, seine Störungen zu überwinden.[26]

Wenn es um die Beurteilung von Therapieeffekten in der Psychoanalyse geht, ist auch die folgende Problematik zu bedenken: Ist es überhaupt möglich, Konstruktionen über *Kindheits*ereignisse zu überprüfen, die in der Analyse von Erwachsenen entwickelt wurden, wie das zum Grundbestand des psychoanalytischen Vorgehens gehört? Eine vernünftige Möglichkeit wäre die Befragung von Verwandten oder

Bekannten über solche Ereignisse, die aus der Analyse erschlossen wurden. Dabei müßte natürlich darauf geachtet werden, daß diese Befragung nicht in einer suggestiven Form erfolgt. Eine andere Möglichkeit, ein sehr viel zuverlässigeres Beweismaterial, stellen Briefe oder Tagebücher der Eltern oder anderer wichtiger Bezugspersonen aus der Zeit dar, als der Patient seine Kindheit verlebte. Interessanterweise wird ein solches um Objektivität bemühtes Vorgehen von Freud[27] entschieden abgelehnt, da man dadurch das Vertrauen in die Analyse stören und eine andere Instanz über sie setzen würde. Nach Lorenzer[28] gilt es bei Analytikern als verpönt, Mitteilungen des Patienten durch zusätzlich eingeholte Auskünfte anderer Personen ergänzen und bestätigen zu lassen. Am Fall Schreber in Kapitel 7 versuche ich demgegenüber zu zeigen, daß es außerordentlich aufschlußreich sein kann, über zusätzliche unabhängige Informationen über die Kindheit eines Patienten zu verfügen.

Die allgemeine Kritik an der psychoanalytischen Methode der Interpretation und Konstruktion wird in den folgenden Abschnitten am Beispiel der Verführungstheorie der Hysterie und an drei der bekanntesten Fallstudien von Freud konkretisiert. Der Leser wird sich dann ein Urteil bilden können, ob diese Kritik sachlich gerechtfertigt ist oder ob sie nur den Ausdruck etwaiger dunkler irrationaler Motive darstellt.

Zusammenfassung

Die psychoanalytische Interpretationsmethode wird am Beispiel der Traumdeutung dargestellt und diskutiert. Freud glaubte, aus den Assoziationen von Patienten zu ihren Träumen die Arbeitsweise des Unbewußten erschließen zu können. Dabei wird nicht berücksichtigt, daß diese Assoziationen auch durch die Erwartungen des Therapeuten bedeutsam beeinflußt werden. Die Gefahr der Willkürlichkeit von Deutungen ist ausgesprochen groß, da klare Regeln zur Unterscheidung zwischen Spekulationen und gültigen Deutungen fehlen. Nicht alle Fehlleistungen und Träume können sinnvoll als verhüllte Darstellung verborgener Wünsche und Triebimpulse gedeutet werden.

Die psychoanalytische Therapie ist wie jede andere Form der Psychotherapie ein Beeinflussungsprozeß. Der Analytiker beeinflußt den Patienten folgendermaßen: 1. Er lenkt die Erwartungen des Patienten in eine bestimmte Richtung: 2. Seine Äußerungen und sein Schweigen signalisieren dem Patienten, welche Gesprächsinhalte dem Therapeuten wichtig oder unwichtig sind, was er billigt und was er ablehnt: 3. Interpretationen und Konstruktionen (Annahmen über vergangene Ereignisse, an die sich der Patient nicht erinnert) üben einen bedeutsamen Einfluß auf den Patienten aus, wenn er bereit ist, sie anzunehmen: 4. Wenn der Patient sich gegen Deutungen des Therapeuten wehrt, wird dies oft als Widerstand interpretiert.

Freud betrachtete insbesondere die indirekte Bestätigung von Konstruktionen und Interpretationen durch Träume, Erinnerungen oder Symptome als bedeutsam. Solche indirekten Bestätigungen treten aber auch bei falschen Interpretationen auf. Auch Untersuchungen über die Wirksamkeit der Therapie sagen nur wenig über die Richtigkeit der Theorie des Therapeuten aus.

Der Versuch, aus der Analyse abgeleitete Annahmen durch unabhängige Aussagen anderer Personen zu erhärten oder in Frage zu stellen, wird von Freud und seinen Nachfolgern zumeist entschieden abgelehnt. Dadurch werden zweifelhafte Annahmen vor einer kritischen Überprüfung geschützt.

5. Die Verführungstheorie der Hysterie

Sigmund Freud berichtete 1896 triumphierend, er habe als „einförmiges Ergebnis" der Analyse seiner hysterischen Patienten gefunden, daß sie in ihrer frühen Kindheit von einem Erwachsenen sexuell verführt worden seien.[1] Interessanterweise wehrt er sich gegen mögliche Einwände – angesichts dieser für die damalige Zeit mehr als schockierenden Ideen – mit dem Argument, die Psychoanalyse sei eben die einzige Methode, die solche Vorgänge erhellen könne. Freud[2] behauptet, bei achtzehn Patienten sei er in sämtlichen Fällen auf eine Verführung durch einen Erwachsenen oder ein anderes Kind gestoßen.

Freuds methodisches Vorgehen

Mit welcher Methode ist Freud zu einem so überraschend eindeutigen Ergebnis gekommen? Freud[3] berichtet, die Kranken wüßten vor der Analyse nichts von diesen Verführungsszenen; sie pflegten sich zu empören, wenn er ihnen das Auftauchen solcher Szenen ankündigte. Sie könnten „nur durch den stärksten Zwang der Behandlung bewogen werden, sich in deren Reproduktion einzulassen". Aber auch nach der Reproduktion (man sollte wohl besser sagen: nach der *Produktion*) dieser Szenen betonten die Patienten, es habe sich kein Erinnerungsgefühl eingestellt. In den „Studien über Hysterie", die Freud gemeinsam mit Josef Breuer im Jahre 1895 veröffentlichte, beschreibt er seine damalige Behandlungsmethode ziemlich ausführlich. Wenn ein Patient sich nicht an die Ursachen seiner Störungen erinnern konnte, redete Freud ihm ein: „Sie wissen es ja, sagen Sie es doch, es wird Ihnen gleich einfallen ..."[4]. Er übte aber nicht nur mit Worten Druck auf den Patienten aus. Wenn sein Drängen keinen Erfolg hatte, benutzte er „kräftigere Mittel":

Da bediene ich mich denn zunächst eines kleinen technischen Kunstgriffes. Ich teile dem Kranken mit, daß ich im nächsten Moment einen Druck auf seine Stirne ausüben werde, versichere ihm, daß er während dieses ganzen Druckes eine Erinnerung als Bild vor sich sehen oder als Einfall in Gedanken haben werde, und verpflichte ihn dazu, dieses Bild oder diesen Einfall mir mitzuteilen, was immer das sein möge. Er dürfe es nicht für sich behalten, weil er etwa meine, es sei nicht das Gesuchte, das Richtige, oder weil es ihm zu unangenehm sei, es zu sagen. Keine Kritik, keine Zurückhaltung, weder aus Affekt noch aus Geringschätzung! Nur so könnten wir das Gesuchte finden, so fänden wir es aber unfehlbar. Dann drücke ich für ein paar Sekunden auf die Stirn des vor mir liegenden Kranken, lasse sie frei und frage ruhigen Tones, als ob eine Enttäuschung ausgeschlossen wäre: Was haben Sie gesehen? oder: Was ist Ihnen eingefallen?[5]

Nach Freuds Meinung schadet es nichts, wenn der Therapeut dem Patienten seine Hypothesen mitteilt:

Es ist in diesen späteren Stadien der Arbeit von Nutzen, wenn man den Zusammenhang errät und ihn den Kranken mitteilt, ehe man ihn aufgedeckt hat. Hat man richtig erraten, so beschleunigt man den Verlauf der Analyse, aber auch mit einer unrichtigen Hypothese hilft man sich weiter, indem man den Kranken nötigt, Partei zu nehmen, und ihm energische Ablehnungen entlockt, die ein sicheres Besserwissen verraten.

Man überzeugt sich dabei mit Erstaunen, *daß man nicht imstande ist, dem Kranken über die Dinge, die er angeblich nicht weiß, etwas aufzudrängen oder die Ergebnisse der Analyse durch Erregung seiner Erwartung zu beeinflussen.* Es ist mir kein einziges Mal gelungen, die Reproduktion der Erinnerungen oder den Zusammenhang der Ereignisse durch meine Vorhersage zu verändern und zu fälschen, was sich ja endlich durch einen Widerspruch im Gefüge hätten verraten müssen. Traf etwas so ein, wie ich es vorhergesagt, so war stets durch vielfache unverdächtige Reminiszenzen bezeugt, daß ich eben richtig geraten hatte. Man braucht sich also nicht zu fürchten, vor dem Kranken irgend eine Meinung über den nächstkommenden Zusammenhang zu äußern; es schadet nichts.[6]

Dieses Plädoyer für die Zuverlässigkeit von Freuds damaliger Methode klingt zunächst recht überzeugend. Aber zwei Jahre nach dieser Veröffentlichung gab Freud seine Verführungstheorie der Hysterie mit der Begründung auf, bei den angeblichen Verführungsszenen habe es sich um Phantasien seiner Patienten gehandelt. In einem Brief an seinen Freund Wilhelm Fließ offenbart Freud das „große Geheimnis": „Ich glaube an meine Neurotica nicht mehr."[7] Er verwirft also eine Theorie, von der er kurz zuvor noch behauptet hatte, jeder Zweifel an ihrer Richtigkeit könne mit Sicherheit zurückgewiesen werden. Im gleichen Brief kündigt Freud an: „Gewiß, ich werde es nicht in Dan erzählen, nicht davon reden in Askalon, im Lande der Philister..."[8] Im Klartext heißt dies: Obwohl ich es besser weiß, werde ich meinen Fachkollegen verschweigen, daß meine Entdeckung der Ursachen der Hysterie auf einem schwerwiegenden Irrtum beruhte. Sieben Jahre lang hielt sich Freud in seinen Veröffentlichungen an diesen Vorsatz, einen peinlichen Fehler nicht zuzugeben, sondern ihn zu verschweigen. Wie die Untersuchung von Freuds späteren Fallstudien zeigen wird, zog er aus diesem Fehler nicht die notwendigen Konsequenzen für sein späteres Denken. Immer wieder bezeichnete er in späteren Jahren höchst zweifelhafte Hypothesen als „unzweifelhaft" richtig (vgl. z. B. Kapitel 8).

Die Neuinterpretation der Verführungsszenen

In dem Aufsatz „Zur Geschichte der psychoanalytischen Bewegung" der 1914 erschien, schreibt Freud:

Unter dem Einfluß der an *Charcot* anknüpfenden traumatischen Theorie der Hysterie war man leicht geneigt, Berichte der Kranken für real und ätiologisch bedeutsam zu halten, welche ihre Symptome auf passive sexuelle Erlebnisse in den ersten Kinderjahren, also grob ausgedrückt: auf Verführung zurückleiteten. Als diese Ätiologie an ihrer eigenen Unwahrscheinlichkeit und an dem Widerspruche gegen sicher festzustellende Verhältnisse zusammenbrach, war ein Stadium völliger Ratlosigkeit das nächste Ergebnis.[9]

Freud interpretiert die Verführungsszenen, die man ihm während der analytischen Sitzungen berichtet hatte, dann neu, und zwar wie folgt:

> Wenn die Hysteriker ihre Symptome auf erfundene Traumen zurückführen, so ist eben die neue Tatsache die, daß sie solche Szenen phantasieren, und die psychische Realität verlangt neben der praktischen Realität gewürdigt zu werden. Es folgte bald die Einsicht, daß diese Phantasien dazu bestimmt seien, die autoerotische Betätigung der ersten Kinderjahre zu verdecken, zu beschönigen und auf eine höhere Stufe zu heben, und nun kam hinter diesen Phantasien das Sexualleben des Kindes in seinem ganzen Umfange zum Vorschein.[10]

Freud blendet hier seinen eigenen Anteil an diesen Verführungsphantasien vollkommen aus. Auch in seiner „Selbstdarstellung“[11] aus dem Jahre 1925 behauptet er, er habe seinen Patienten diese Szenen nicht aufgedrängt oder suggeriert. Diese Aussage erscheint mir überaus unglaubwürdig. Freud hatte ja 1896 geschrieben, daß er seinen Patienten das Auftauchen der Verführungsszenen ankündigte; nur durch den „stärksten Zwang der Behandlung“ konnte er erreichen, daß die Patienten die angeblichen Verführungsszenen schilderten. Auch die Aussage von Patienten, bei ihnen habe sich kein Erinnerungsgefühl eingestellt, nahm er nicht ernst. Freuds damalige Patienten erkannten aber deutlich, daß ihr Therapeut versuchte, sie mit seinen Theorien zu *indoktrinieren*. Sie sagten beispielsweise: „Jetzt ist mir etwas eingefallen, aber das haben Sie mir offensichtlich eingeredet“, oder „Ich weiß, was Sie sich bei dieser Frage erwarten. Sie meinen gewiß, ich habe dies und jenes gedacht.“[12] Gerade solche Äußerungen betrachtete Freud als „Formen und Vorwände des Widerstandes“ gegen eine pathogene Erinnerung, deren Realitätsgehalt der Patient zu verleugnen versuchte. Dies veranlaßte Manès Sperber, die Theorie, die Freud seinen Patienten aufzudrängen versuchte, pointiert als eine „vergewaltigende Vergewaltigungsfiktion“ zu bezeichnen[13].

Stimmt es, daß „die Hysteriker ihre Symptome auf erfundene Traumen zurückführen“? Das Gegenteil war der Fall: Nach den ursprünglichen Berichten wehrten sie sich heftig dagegen, daß *Freud* ihre Symptome auf diese Traumen zurückführte. Man könnte Freud hier Unaufrichtigkeit vorwerfen: Nachdem er sieben Jahre lang seinen Irrtum verschwiegen hatte, erscheint es durchaus möglich, daß er wider besseres Wissen seinen Patienten die Verantwortung für seine Fehler zuschieben wollte, um sich selber zu entlasten. Gegen diese Interpretation bewußter Fälschung spricht allerdings die Unbefangenheit, mit der Freud auch später seine Patienten suggestiv im Sinne seiner Theorien beeinflußte. Mit erstaunlicher Naivität glaubte er auch weiterhin, sein Vorgehen würde die Beweiskraft seiner Fälle nicht schwächen. Ich nehme daher an, daß Freud von der Richtigkeit seiner nachträglichen Erklärung der Verführungsszenen überzeugt war und seinen eigenen Anteil an diesem Geschehen nicht erkannte.

Im Gegensatz zu der hier vertretenen Auffassung sieht Alice Miller in Freuds Verführungstheorie der Hysterie eine revolutionäre wissenschaftliche Leistung[14]. Seine später entwickelte Theorie des Ödipus-Komplexes habe Freud geholfen, die skandalöse Wahrheit über den *sexuellen Mißbrauch von Kindern* durch Erwachsene zu verdrängen. Miller versucht hier, Freud mit seinen eigenen Waffen zu schlagen. Sie unterstellt ihm *unbewußte* Motive, die ihn angeblich dazu bewegt hätten, die bereits erkannte Wahrheit wieder zu verleugnen oder zumindest abzuschwächen. Genauso ging Freud[15] übrigens mit seinen abtrünnigen Schülern Alfred Adler und Carl Gustav Jung um.

Ich halte es für recht unwahrscheinlich, daß Freud seine Verführungstheorie ohne jeden sachlichen Grund aufgab, nachdem er sich zuvor so stark dafür engagiert hatte. Da die *Ergebnisse,* also die von Freud mitgeteilten Verführungsszenen, so gut in ihr Konzept passen, nimmt Alice Miller keinen Anstoß an der fragwürdigen *Methode,* die zu diesen Ergebnissen geführt hat. Es ist sehr erstaunlich, daß Freud bei *allen* achtzehn Patienten ohne Ausnahme die *gleiche* spezifische Ursache für ihre hysterische Störung fand. Solche hundertprozentig eindeutigen Zusammenhänge zwischen Kindheitserlebnissen und dem späteren Verhalten von Erwachsenen sind höchst ungewöhnlich. Oscar Mannoni meint dazu: „Freud hat seine Hypothese aus einer kleinen Zahl realer Fälle abgeleitet und aus vielen Fällen, bei denen es sich lediglich um Phantasien handelte."[16] Wahrscheinlich schilderten einige Patienten reale Verführungsszenen, die für sie ein schwerwiegendes traumatisches Ereignis darstellten. Da Freud diese Ereignisse aber für die *allgemein gültige* Ursache hysterischer Störungen hielt, indoktrinierte er vermutlich alle weiteren Patienten im Sinne seiner Hypothese. Aufgrund der Angaben von Freud ist es leider nicht möglich, sicher zu beurteilen, wie häufig es sich bei den Berichten über Verführung um echte Erlebnisse und wie häufig um Phantasien handelte.

Freud[17] behauptete Jahre später, die Verführungsszenen seien ein verkleideter Hinweis auf den *Ödipus-Komplex* gewesen, was er damals aber noch nicht erkannt habe. Und der Ödipus-Komplex ist nach Freuds Ansicht die bedeutsamste Entdeckung der Psychoanalyse. Daher werde ich im nächsten Kapitel untersuchen, ob die Beweise für dieses grundlegende psychoanalytische Konzept überzeugender sind als das Beweismaterial, das Freud zugunsten der Verführungstheorie anführte.

Zusammenfassung

Freud stellte im Jahre 1896 seine Verführungstheorie der Hysterie vor. Er behauptete, er habe bei *allen* hysterischen Patienten gefunden, daß sie als Kind sexuell verführt worden seien. Wenig später gibt er diese Theorie auf, da es sich bei den Verführungsszenen in vielen Fällen offenbar nicht um reale Begebenheiten, sondern um Phantasien handelte. Freud berichtete ursprünglich, seine Patienten seien nur unter dem „stärksten Zwang der Behandlung" bereit gewesen, die von ihm postulierten Szenen zu schildern. Es erscheint daher nicht glaubwürdig, wenn er später versichert, er habe seinen Patienten diese Szenen nicht suggeriert. In den nachträglichen Erklärungsversuchen für die Verführungsphantasien seiner Patienten klammert Freud systematisch seinen eigenen Anteil an dieser Angelegenheit aus.

6. Der Fall des kleinen Hans

Im Jahre 1909 publizierte Freud die *„Analyse der Phobie eines fünfjährigen Knaben“*[1]. Es handelt sich um die Fallgeschichte des kleinen *Hans*, der im Januar 1908 eine Pferdephobie entwickelte; im Mai desselben Jahres war die Phobie wieder weitgehend verschwunden. Die Eltern des Jungen waren überzeugte Anhänger der Lehre Freuds. Max Graf, der Vater von Hans, war ein vertrauter Freund von Sigmund Freud und einer der ersten Teilnehmer der sogenannten Mittwochs-Gesellschaft, bei der psychoanalytische Themen besprochen wurden[2]. Hans' Mutter war eine ehemalige Patientin Freuds, die er erfolgreich behandelt hatte. Der Vater machte schriftliche Aufzeichnungen über das Verhalten des Kindes. Während der Vater die Analyse des Kindes durchführte, hatte er verschiedene Besprechungen mit Freud. Freud selbst sah den Jungen während dieser Zeit nur einmal.

Von dieser Fallgeschichte erhoffte sich Freud einen direkteren Beweis für seine Annahmen über die infantile Sexualität, die er aus den Analysen *Erwachsener* abgeleitet hatte. Viele bedeutende Psychoanalytiker wie z. B. Ernest Jones[3] sahen in dem Fall des kleinen Hans eine großartige wissenschaftliche Leistung Freuds und eine glänzende Bestätigung psychoanalytischer Theorien. Charakteristisch für die Einschätzung des Falles ist das folgende Zitat von Lizzi Rosenberger:

Seit den ersten und bis heute vollkommensten Mitteilungen über Kindheitsneurosen, die uns Freud hinterlassen hat: die erste direkt beobachtete und beschriebene Krankheits- und Behandlungsgeschichte ‚Analyse der Phobie eines fünfjährigen Knaben‘ und die aus der Analyse eines Erwachsenen rekonstruierte, unübertreffliche Darstellung ‚Aus der Geschichte einer infantilen Neurose‘ – bekannt unter dem Namen ‚der Wolfsmann‘ – haben sowohl die direkte Beobachtung von Kindern in allen Alters- und Entwicklungsstufen als auch ihre Behandlung eine große Entwicklung durchgemacht.[4]

Alfred Lorenzer[5] zitiert den Fall des kleinen Hans als ein Musterbeispiel für „Sprachzerstörung und Rekonstruktion". Im Gegensatz zu der schwärmerischen Bewunderung für die „vollkommensten Mitteilungen" von Freud zeigt die scharfsinnige Kritik von Wolpe und Rachman[6] allerdings, daß die Fallgeschichte des kleinen Hans keinerlei wissenschaftlich akzeptable Beweise für grundlegende psychoanalytische Hypothesen enthält. Ihre kritischen Argumente sollen im folgenden referiert werden.

Freuds Fallstudie

Freud sah den Fall des kleinen Hans als Beweis für seine Theorie des *Ödipus-Komplexes* an. In einer späteren Schrift beschreibt Freud den Ödipus-Komplex wie folgt:

Wenn der Knabe (von 2 bis 3 Jahren an) in die phallische Phase seiner Libidoentwicklung eingetreten ist, lustvolle Empfindungen von seinem Geschlechtsglied empfängt und gelernt hat, sich diese durch manuelle Reizung nach Belieben zu verschaffen, wird er zum Liebhaber der Mutter. Er wünscht, sie körperlich zu besitzen in den Formen, die er durch seine Beobachtungen und Ahnungen vom Sexualleben erraten hat, sucht sie zu verführen, indem er ihr sein männliches Glied zeigt, auf dessen Besitz er stolz ist. Mit einem Wort: seine früherwachte Männlichkeit sucht den Vater bei ihr zu ersetzen, der ohnehin bisher sein beneidetes Vorbild gewesen war infolge der körperlichen Stärke, die er an ihm wahrnimmt, und der Autorität, mit der er ihn bekleidet findet. Jetzt ist der Vater sein Rivale, der ihm im Wege steht und den er aus dem Weg räumen möchte.[7]

Freud hält den Ödipus-Komplex für das Ergebnis „einer Situation, die allen Kindern durchzumachen bestimmt ist und die sich notwendig aus dem Moment der verlängerten Kinderpflege und des Zusammenlebens mit den Eltern ableitet".[8]

Versucht man nun, diese allgemeinen Annahmen auf den Fall des kleinen Hans zu übertragen, ergeben sich folgende Hypothesen:

(1) Hans begehrte seine Mutter sexuell. (2) Er haßte und fürchtete seinen Vater und wünschte ihn zu töten. (3) Seine sexuelle Erregung und das Begehren nach seiner Mutter wurden in Angst umgewandelt. (4) Seine Furcht vor Pferden war symbolisch für seine Furcht vor dem Vater. (5) Die Absicht der Krankheit war, seiner Mutter nahe zu bleiben. Und schließlich (6), seine Phobie verschwand, weil er seinen Ödipus-Komplex überwand.[9]

Vor der Diskussion der einzelnen Hypothesen möchte ich einige Anmerkungen zu der Zuverlässigkeit und der Beweiskraft dieser Fallstudie machen. Erfreulicherweise wurden von dem Vater viele Gespräche mit Hans wörtlich protokolliert. Daher ist es in den meisten Punkten möglich, ziemlich deutlich zwischen Beobachtungen und Interpretationen zu unterscheiden. Es folgen zunächst zwei Dialoge zwischen Vater und Sohn:

Ich sage ihm daraufhin: „Weißt du, warum du dich vor den großen Tieren fürchtest? Große Tiere haben einen großen Wiwimacher, und du fürchtest dich eigentlich vor dem großen Wiwimacher."

Hans: „Aber ich habe noch nie von den großen Tieren den Wiwimacher gesehen."

Ich: „Aber vom Pferde doch und das Pferd ist auch ein großes Tier."

Hans: „Oh, vom Pferd oft."[10]

Ich: „Hast du die Hanna gerne?" [Hanna war Hans' kleine Schwester, C. E.]

Hans: „Oh ja, sehr gerne."

Ich: „Wäre es dir lieber, wenn die Hanna nicht auf die Welt gekommen wäre, oder ist es dir lieber, daß sie auf der Welt ist?"

Hans: „Mir wär' lieber, daß sie nicht auf die Welt gekommen wär'."[11]

Das erste Beispiel zeigt deutlich, wie der Vater Hans im Sinne von Freuds Theorien *zu beeinflussen versucht*. Beide Beispiele lassen erkennen, daß die Antworten des Kindes widersprüchlich sind. Freud schreibt über die Beeinflussung von Hans durch den Vater:

Während der Analyse allerdings muß ihm vieles gesagt werden, was er selbst nicht zu sagen weiß, müssen ihm Gedanken eingegeben werden, von denen sich noch nichts bei ihm gezeigt hat, muß seine Aufmerksamkeit die Einstellung nach jenen Richtungen hin erfahren, von denen her der Vater das Kommende erwartet. Das schwächt die Beweiskraft der Analyse; aber in jeder verfährt man so.[12]

Es ist natürlich kein sehr überzeugendes Argument, wenn Freud sagt, in *jeder* Analyse benutze er die kritisierten Methoden.

Gelegentlich werden in der Beschreibung des Falles Schlußfolgerungen gezogen, die durch die Beobachtungen in keiner Weise gestützt werden. Dies gilt zum Beispiel für einen Traum, in dem Hans von einer großen und einer „zerwutzelten" (zerknitterten) Giraffe träumte. Nach der Ansicht des Vaters stellt die große Giraffe ihn, die zerwutzelte seine Frau dar.

Am nächsten Morgen holt sich der Vater die Bestätigung seiner Deutung.

Sonntag, 29. März, fahre ich mit Hans nach Lainz. In der Tür verabschiede ich mich von meiner Frau scherzhaft: „Adieu, große Giraffe." Hans fragt: „Wieso Giraffe?" Darauf ich: „Die Mammi ist die große Giraffe", worauf Hans sagt: „Nicht wahr, und die Hanna ist die zerwutzelte Giraffe?"[13]

Weder dem Vater noch Freud scheint aufzufallen, daß die Äußerungen des Vaters seiner eigenen Deutung widersprechen; die große Giraffe soll ja den Vater und nicht die Mutter darstellen. Ganz und gar rätselhaft ist, weshalb die Aussage des Kindes als Bestätigung der Traumdeutung aufgefaßt wird. Die zerwutzelte Giraffe stellt ja – in der Meinung der Analysierenden – die Mutter und nicht seine Schwester Hanna dar.

Hans interessiert sich zeitweise sehr stark für die Geschlechtsorgane. Er erhält von seiner Mutter mehrfach falsche Informationen, wie die folgende Szene zeigt:

Ein andermal sieht er gespannt zu, wie sich die Mutter vor dem Schlafengehen entkleidet. Diese fragt ihn: „Was schaust du denn so?"

Hans: „Ich schau nur, ob du auch einen Wiwimacher hast?"
Mama: „Natürlich, hast du denn das nicht gewußt?"[14]

Als der Vater Hans später aufklärt und ihm erzählt, die Mutter habe keinen Wiwimacher, glaubt er dies nicht. Freud erklärt die Zweifel von Hans damit, daß die mitgeteilte Wahrheit seinen *Kastrationskomplex* erregen mußte[15]. Der Unglaube des Kindes läßt sich aber viel einfacher erklären: Hans war wahrscheinlich über die widersprüchlichen Informationen verwirrt. Hätte er dem Vater geglaubt, so würde dies ja bedeuten, daß die Mutter ihn angelogen hatte. Außerdem hatte er die Mutter vorher noch nie nackt gesehen; er hatte also noch nicht direkt feststellen können, daß sie ihm die Unwahrheit gesagt hatte.

Nach diesen allgemeinen Ausführungen über die Beweiskraft der Geschichte des kleinen Hans möchte ich die einzelnen Hypothesen diskutieren:

1. Hypothese: Der Junge hatte den (unbewußten) Wunsch, mit seiner Mutter sexuell zu verkehren.

Hans hatte anscheinend seine Mutter gerne; er fühlte sich in ihrer Nähe wohl. Es gibt aber keine Beobachtungen, die darauf hinweisen, Hans habe den Wunsch gehabt, mit seiner Mutter sexuell zu verkehren. Träume des Kindes, die keinen direkten Bezug zu sexuellen Themen haben (zum Beispiel das Einschlagen einer Fensterscheibe) sind kein Beweis für „symbolische Koitusphantasien", die sich auf die Mutter beziehen. Hier wird versucht, Bestätigungen der Theorie mit Hilfe von Deutungen einzuschmuggeln.[16] Hans war zum damaligen Zeitpunkt nicht über diese sexuellen Vorgänge aufgeklärt; er hatte nach den Angaben der Eltern auch niemals Gelegenheit gehabt, ihren Geschlechtsverkehr zu beobachten.[17]

Nun findet sich an einer Stelle ein Hinweis darauf, daß Hans von seiner Mutter sexuell stimuliert werden will:

Hans, 4¼ Jahre. Heute früh wird Hans von seiner Mama wie täglich gebadet und nach dem Bade abgetrocknet und eingepudert. Wie die Mama bei seinem Penis, und zwar vorsichtig, um ihn nicht zu berühren, pudert, sagt Hans: „Warum gibst du nicht den Finger hin?"

Mama: „Weil das eine Schweinerei ist."

Hans: „Was ist das? Eine Schweinerei? Warum denn?"

Mama: „Weil es unanständig ist."

Hans (lachend): „Aber lustig!"[18]

Diese Szene zeigt nur, daß Hans noch nicht die verklemmten Moralvorstellungen der Erwachsenen übernommen hatte. Sie ist aber kein Beweis dafür, daß Hans seine Mutter „körperlich zu besitzen" wünschte.

2. Hypothese: Hans haßte und fürchtete seinen Vater.

Hans zeigte niemals Gefühle der Furcht oder des Hasses gegenüber seinem Vater. Dennoch wird ihm von Freud unterstellt, er habe diese Gefühle und würde sie nur verdrängen. Die mitgeteilten Beobachtungen legen eher die Schlußfolgerung nahe, daß Hans zu seinem Vater eine sehr positive Beziehung gehabt hatte. *Diese* Annahme kommt für Freud aber wohl deshalb nicht in Frage, weil sie seinen theoretischen Konzepten total widersprechen würde.

3. Hypothese: Die sexuelle Erregung des Kindes und seine Sehnsucht nach der Mutter schlugen in Angst um.

Wie im Zusammenhang mit der ersten Hypothese ausgeführt wurde, nimmt Freud an, daß Hans seine Mutter sexuell begehrte:

Seit dieser Zeit etwa dürften wir den Bestand einer gesteigerten sexuellen Erregung bei Hans annehmen, deren Objekt die Mutter ist (...). Die Tatsache ist die des Umschlags der sexuellen Erregung in die Angst.[19]

Soweit Freud. Der ‚Vater der Psychoanalyse' bezeichnet hier eine *zweifelhafte Schlußfolgerung,* die er aus einer *zweifelhaften Annahme* ableitet, als *Tatsache!* – Die einzige unbezweifelbare Tatsache ist aber, daß Freud annimmt, die angenommene sexuelle Erregung sei in Angst umgeschlagen.

Wenn die auf die Mutter gerichtete sexuelle Erregung des Kindes sich in Angst verwandelt hätte, so sollte man annehmen, daß sich die Beziehung von Hans zu seiner Mutter verändert; dafür gibt es aber keinerlei Hinweise.

4. Hypothese: Die Furcht des Kindes vor Pferden war ein symbolischer Ausdruck seiner Angst vor dem Vater.

Wie bereits erwähnt wurde, zeigte Hans niemals Furcht oder Haß gegenüber seinem Vater. Die Behauptung, Pferde seien für Hans ein Symbol für den Vater, beruht ebenfalls nur auf Interpretationen und nicht auf direkten Äußerungen von Hans. Als der Vater zusammen mit dem Kind Freud besucht, erzählt Hans, er fürchte sich besonders vor Pferden mit etwas Schwarzem um das Maul. Freud glaubt daraufhin, er meine den *Schnurrbart* des Vaters[20]. Hans verneint später eine Frage des Vaters, ob das Schwarze sein Schnurrbart sei. Der Vater selbst sieht interessanterweise bald darauf, daß Lastpferde tatsächlich schwarzes Riemenzeug über der Schnauze tragen[21]. Das Kind berichtete also wahrscheinlich eine *korrekte* und nicht eine durch Projektionen verzerrte Wahrnehmung. Wie sich später zeigt, ist aber die Indoktrination des Kindes im Sinne von Freuds Theorien nicht ganz erfolglos:

9. April. Heute früh kommt Hans dazu, wie ich mich mit entblößtem Oberkörper wasche.

Hans: „Vatti, du bist aber schön, so weiß!"

Ich: „Nicht wahr, wie ein weißes Pferd."

Hans: „Nur der Schnurrbart ist schwarz (fortfahrend). Oder ist es vielleicht der schwarze Maulkorb?"[22]

Nach meinem Eindruck wird in dieser Analyse nicht eine neurotische „Sprachzerstörung" mit dem Inhalt „Pferd = Vater" korrigiert, wie Lorenzer[23] meint. Eine Sprachverschiebung mit dem Inhalt „Pferd = Vater" wird erst durch den Einfluß Freuds und des Vaters hervorgerufen. Zuvor konnte Hans klar erkennen, daß „Pferd = Pferd" und „Vater = Vater" ist. Die Antwort des Kindes auf eine offene Frage des Vaters stützt die psychoanalytischen Hypothesen nicht:

Ich: „Was hast du dir gedacht, wie das Pferd umgefallen ist?"
Hans: „Das wird jetzt immer so sein. Alle Pferde werden beim Stellwagen umfallen."[24]

Erst auf eine Suggestivfrage des Vaters hin liefert Hans eine zweifelhafte Bestätigung:

Ich: „Hast du, wie das Pferd gefallen ist, an den Vatti gedacht?"
Hans: „Vielleicht. Ja. Es ist möglich."[25]

Ob das Kind spürte, daß sein Vater von ihm eine solche bejahende Antwort erwartete?

5. Hypothese: Das Motiv der Krankheit war der Wunsch, der Mutter nahe zu sein.

Hans äußert gelegentlich den Wunsch, mit seiner Mutter zu „schmeicheln", wenn er sich ängstlich fühlt. Es ist aber fraglich, ob diese Äußerungen etwas über den Zweck seiner Phobie aussagen. Es ist möglich, daß er sich – unabhängig von den Ursachen der Angst – zu Hause in Gegenwart seiner Mutter sicher und geborgen fühlt. Er fürchtet sich auch dann vor Pferden, wenn er auf einem Spaziergang von seiner Mutter begleitet wird.[26]

6. Hypothese: Die Phobie verschwand wegen der Lösung des Ödipus-Komplexes.

Kurt R. Eissler hält die Therapie des kleinen Hans geradezu für ein historisches Ereignis:

Als der kleine Hans seinem Vater seine ödipalen Wünsche eingestand, war dies eine Sternstunde für die ganze Menschheit. Nie wäre seinesgleichen vorher geschehen, und bis zu diesem außergewöhnlichen Augenblick wäre ein solches Geständnis von sofortiger Strafe, Verbannung, Vernichtung – je nachdem wie weit wir in der Geschichte zurückgehen wollen – gefolgt worden. Hier aber hörte ein Vater dem Geständnis seines Sohnes mit Verständnis zu.[27]

Doch wenden wir uns nach diesen hymnischen Lobpreisungen der Freudschen Lehre wieder der nüchternen Analyse von Wolpe und Rachman zu. Sie belegen ausführlich, daß keine klaren Beziehungen zwischen Interpretationen und Änderungen des phobischen Verhaltens bestehen[28]. Ein Beispiel: So berichtet etwa der Vater am 7. 4., die Besserung des Kindes sei konstant, während Freud kurz darauf schreibt, die Situation sei recht undurchsichtig und die Analyse mache wenig Fortschritte[29].

Wolpe und Rachman fassen das Ergebnis ihrer Untersuchung folgendermaßen zusammen:

Es wird gezeigt, daß Freuds Anspruch, „einen direkteren und weniger weitschweifigen Beweis" einiger bestimmter seiner Theorien gefunden zu haben, nicht gerechtfertigt ist. Durch direkte Beobachtung wird keine Bestätigung für irgendeinen psychoanalytischen Lehrsatz gewonnen, obwohl Psychoanalytiker fünfzig Jahre lang das Gegenteil glaubten. Bei den Beweisen, von denen die Rede ist, handelt es sich in Wirklichkeit um Interpretationen, die als Tatsachen aufgefaßt werden.[30]

Drei methodische Fehler erscheinen mir bei der Freudschen Fallstudie besonders auffällig:

1. Das Kind wird im Sinne der Theorie beeinflußt, die überprüft werden soll.
2. Es wird nicht klar zwischen Beobachtungen und theoretischen Annahmen unterschieden; zweifelhafte Annahmen werden fälschlicherweise als gesicherte Tatsachen dargestellt.
3. Äußerungen des Kindes, die Freuds Hypothesen widersprechen, werden ignoriert oder sogar als Bestätigungen betrachtet.

Eine lerntheoretische Alternativerklärung

Wolpe und Rachman schlagen in ihrem Aufsatz eine lerntheoretische Alternativerklärung vor:

> Phobien werden als konditionierte Angstreaktionen betrachtet. Jeder „neutrale" Reiz, einfach oder komplex, der auf ein Individuum etwa zu der Zeit einwirkt, in der eine Angstreaktion hervorgerufen wird, erlangt die Fähigkeit, in der Folge Angst zu erzeugen. Ist die Angst bei der ursprünglichen Konditionierungssituation von großer Intensität, oder wird die Konditionierung mehrmals wiederholt, kann konditionierte Angst eine Beharrlichkeit entwikkeln, die für *neurotische* Angst charakteristisch ist; und es wird zu einer Generalisation der Angstreaktionen auf Reize kommen, die den konditionierenden Reizen ähnlich sind.[31]

Das heißt: Wahrscheinlich war ein Ereignis, das Freud nur als äußerlichen Anlaß für den Ausbruch der Phobie ansah, entscheidend wichtig für die Entstehung des phobischen Verhaltens. Hans beobachtete nämlich, wie ein Pferd, das einen Stellwagen zog, umfiel und mit den Beinen strampelte; er war darüber sehr stark erschrocken. Wie aus den Äußerungen des Kindes hervorgeht, brach die Phobie unmittelbar nach diesem Ereignis aus. Alle diese Angaben wurden übrigens auch von der Mutter bestätigt.[32] Die Entstehung der Phobie kann mit den Prinzipien der klassischen Konditionierung erklärt werden: Die Furchtreaktion, die durch den besagten Unfall ausgelöst wurde, *generalisierte* das Kind auf Pferde im allgemeinen und auch auf Pferdewagen. Wie man aus der lernpsychologischen Literatur weiß, kann schon durch ein *einziges* traumatisches Ereignis eine Phobie hervorgerufen werden.[33] Bei Hans bestand aber vielleicht schon *vor* dem entscheidenden traumatischen Erlebnis eine leichte Furcht vor Pferden. Freud berichtet, Hans sei ein sehr mitleidiges Kind und er sei lange vor dem Ausbruch der Phobie unruhig geworden, wenn er sah, daß Pferde geschlagen wurden[34]. Weiterhin hörte Hans während eines Sommeraufenthaltes in Gmunden, wie ein Vater seine Tochter vor einem Pferd warnte, da es beißen würde[35]. Es ist überaus verständlich, daß ein kleines Kind sich vor großen Tieren fürchtet, wenn sie als gefährlich bezeichnet werden.

Hans zeigt ein *Vermeidungsverhalten,* daß nach Eysenck und Rachman[36] für Phobien charakteristisch ist. Denn er will das Haus überhaupt nicht mehr verlassen (auch nicht in Begleitung der Mutter), um Pferden nicht begegnen zu müssen.

Die Furcht vor Pferden klang allmählich ab und war nach einigen

Monaten zum größten Teil verschwunden. In diesen Zusammenhang ist daran zu erinnern, daß kindliche Ängste oft innerhalb weniger Wochen *ohne* jede psychotherapeutische Behandlung nachlassen oder gar verschwinden.[37] Der Vater sprach häufig mit Hans über dessen Pferdephobie und regte ihn auch zu Spielen mit einem Spielzeugpferd an. Es mag sein, daß diese Maßnahmen des Vaters keinen Einfluß auf das Abklingen der Phobie hatten. Wolpe und Rachman[38] halten es aber für wahrscheinlicher, daß die vom Vater durchgeführte Therapie für Hans hilfreich war. Das Kind wurde in einer positiven emotionalen Atmosphäre immer wieder mit dem Thema „Pferde“ konfrontiert. Dieses Vorgehen ähnelt in mancher Hinsicht der von Wolpe[39] entwickelten Desensibilisierungsmethode, auch wenn es weniger systematisch ist. Bei der Desensibilisierung werden durch die allmähliche Konfrontation mit furchtauslösenden Reizen Furchtreaktionen in ihrer Stärke vermindert oder sogar ganz beseitigt. Ich halte es auch für wichtig, daß die Befürchtungen des Kindes, die sich nach dem Unfall entwickelten („Das wird jetzt immer so sein; alle Pferde werden beim Stellwagen umfallen.“) bei den folgenden realen Begegnungen mit Pferden niemals wieder bestätigt wurden. Es ist daher sogar gut möglich, daß die Pferdephobie auch ohne Therapie nach einiger Zeit wieder verschwunden wäre.

Nach meiner Einschätzung stimmt die lerntheoretische Alternativerklärung von Wolpe und Rachman wesentlich besser mit den vom Vater berichteten Tatsachen überein als die Hypothesen Freuds.

Zusammenfassung

Freud wollte in seiner „Analyse der Phobie eines fünfjährigen Knaben“ aus dem Jahre 1909 direkte Beweise für seine Theorie des Ödipus-Komplexes liefern. Seine Fallstudie enthält aber kein wissenschaftlich akzeptables Beweismaterial. Drei methodische Fehler sind in der Fallgeschichte des kleinen Hans besonders auffällig: 1. Der Vater indoktriniert das Kind im Sinne der Theorien Freuds. 2. Freud unterscheidet nicht klar zwischen Tatsachen und Interpretationen. 3. Äußerungen des Kindes, die der psychoanalytischen Theorie widersprechen, werden nicht beachtet oder als Bestätigung umgedeutet. Eine lerntheoretische Erklärung des Falles von Wolpe und Rachman, die mit den berichteten Tatsachen besser übereinstimmt, ist eine mögliche Alternative zur Freudschen Sichtweise.

7. Der Fall Schreber

Im Jahre 1911 veröffentlichte Freud die Schrift *„Psychoanalytische Bemerkungen über einen autobiographisch beschriebenen Fall von Paranoia (Dementia paranoides)“*[1]. In dieser Studie analysiert er die Krankengeschichte des ehemaligen sächsischen Senatspräsidenten Dr. jur. Daniel Paul Schreber (1842–1911), der in dem 1903 erschienenen Buch *„Denkwürdigkeiten eines Nervenkranken“*[2] seine Erlebnisse und Visionen während eines mehrjährigen Aufenthaltes in einer Nervenheilanstalt beschrieb. Freud hielt es, wie er schreibt, „nicht für unstatthaft, analytische Deutungen an die Krankengeschichte eines Paranoikers (Dementia paranoides) zu knüpfen, den ich nie gesehen habe, der aber seine Krankengeschichte selbst beschrieben und zur öffentlichen Kenntnis durch den Druck gebracht hat.“[3]

Freud wußte, daß der Vater von Daniel Paul Schreber ein bekannter Arzt war, „dessen Bemühungen um die harmonische Ausbildung der Jugend, um das Zusammenwirken von Familien- und Schülererziehung, um die Verwendung der Körperpflege und Körperarbeit zur Hebung der Gesundheit nachhaltige Wirkung auf die Zeitgenossen ausgeübt haben.“[4] Freud war also bekannt, daß der Vater Schrebers sich intensiv mit Erziehungsfragen beschäftigt hatte. Freud stellt die Hypothese auf, daß der Inhalt des Wahnes von Daniel Paul Schreber durch einen „infantilen Konflikt mit dem geliebten Vater“ bestimmt wurde[5]. Erstaunlicherweise machte Freud aber keinen Versuch, die Weltanschauung und die Erziehungsmethoden von Schreber senior aus dessen Schriften zu rekonstruieren und für seine Analyse zu berücksichtigen. Das fehlende Wissen um die Erziehungswirklichkeit im Schreberschen Hause ersetzt Freud durch Spekulationen. So spricht er von der „zärtlichen Erinnerung des Sohnes“ an den Vater[6] oder von Konflikten mit dem „geliebten Vater“[7]. Den günstigen Krankheitsverlauf führt Freud auf „das in der Realität späterer Jahre wahrscheinlich ungetrübte Verhältnis zu einem vortrefflichen Vater zurück[8], und so fort.

Der Vater des Patienten

Dr. Daniel Gottlob Moritz Schreber (1808–1861) wurde im Alter von 36 Jahren Direktor des Orthopädischen Instituts an der Universität Leipzig. Dieses Amt übte er bis zu seinem Tode aus. Schreber war ein Anhänger der turnerischen Körperertüchtigung; in seinem Garten standen Barren und Reck und er trainierte jeden Tag. Er veröffentlichte über zehn Bücher, in denen er seine Grundsätze für gesunde und moralisch einwandfreie Lebensführung beschrieb. Seine Werke tragen Titel wie „Das Turnen vom ärztlichen Standpunkte aus, zugleich als eine Staatsangelegenheit dargestellt“ (1843) oder „Kallipädie oder Erziehung zur Schönheit durch naturgetreue und gleichmäßige Förderung normaler Körperbildung, lebenstüchtiger Gesundheit und geistiger Veredelung und insbesondere durch möglichste Benutzung spezieller Erziehungsmittel: Für Eltern, Erzieher und Lehrer“ (1858). Schreber erklärte in ihnen, daß er seine Methoden auch auf die eigenen Kinder anwenden würde. Er glaubte auch, daß die Verwirklichung seiner Ideen zu einer stärkeren Menschenrasse führen würde[9].

Schreber meinte, die edlen Keime der menschlichen Natur würden in ihrer Reinheit fast von selbst hervorsprießen, wenn nur die unedlen Keime rechtzeitig verfolgt und ausgerottet würden. Dies freilich müsse mit ebenso rastlos wie nachdrücklich geschehen. Jede Nachlässigkeit der Erzieher hält er für verfehlt, da sie den Weg zu Laster und Verworfenheit bahnen würde[10]. Über die Erziehung von Kindern, die noch nicht ein Jahr alt sind, schreibt Dr. Schreber:

Unsere ganze Einwirkung auf die Willensrichtung des Kindes erstreckt sich zur Zeit auf die Gewöhnung an unbedingten Gehorsam, worauf dasselbe durch Anwendung der bisher aufgestellten Grundsätze schon sehr vorbereitet ist (...). Es darf in dem Kinde der Gedanke gar nicht aufkommen, daß sein Wille herrschen könne, vielmehr muß die Gewohnheit, seinen Willen dem Willen der Eltern oder Erzieher unterzuordnen, in ihm unwandelbar befestigt werden (...). Mit dem Gefühle des Gesetzes vereinigt sich dann das Gefühl der Unmöglichkeit, dem Gesetz zu widerstreben: der kindliche Gehorsam, die Grundbedingung aller weiteren Erziehung, ist auch für die Folge fest begründet.[11]

Dies sind eindeutige, nachdenklich machende Forderungen.

Die auffälligsten Merkmale des Schreberschen Erziehungssystems faßt Peter Schalmey folgendermaßen zusammen:

(1) Das Leben soll Tag für Tag einem minutiösen Programm unterworfen werden, das keine Pause kennt und spontane Regungen als Schwäche etc. verdammt (...).
(2) Die Unterwerfung unter ein solches Programm wird als „gottähnliche Geistesfreiheit" ausgegeben.
(3) Das Programm macht eine fortlaufende Überwachung und Beschränkung des Kindes, insbesondere körperliche Manipulationen (kalte Abreibungen, Einläufe, Festschnallen am Bett usw. usw.) notwendig.
(4) Diese Überwachung und Beschränkung wird als elterliche Liebe aufgefaßt.
(5) Jede Möglichkeit des Kindes, sich dieser Überwachung wenigstens teilweise zu entziehen (z. B. zu lügen), wird planmäßig unterdrückt.
(6) Von einem gewissen Zeitpunkt an wird die elterliche Kontrolle planmäßig durch eine fiktive höhere Instanz ersetzt (das Kind soll sein „Inneres an den reinen Strahlen des Gottesbegriffs abspiegeln").[12]

Dr. Schreber, der sich, wie Freud es formulierte, „um die harmonische Ausbildung der Jugend" bemühte, vertrat eine extrem manipulative, einschränkende, ja unterdrückende Erziehungsideologie. Es ist anzunehmen, daß er seine Erziehungsprinzipien (mit Hilfe seiner Frau) bei den eigenen Kindern konsequent zu verwirklichen trachtete.

Der Lebenslauf von Daniel Paul Schreber

Dr. Schrebers Sohn Daniel Paul wird 1842 als drittes von fünf Kindern geboren. Er schlägt die juristische Laufbahn ein und wird 1877 zum Gerichtsrat ernannt; ein Jahr später heiratet er. 1884 wird Schreber zum ersten Mal wegen „Hypochondrie" in eine Nervenklinik aufgenommen. Er wird wieder gesund und verlebt nach seinen Angaben „acht, im ganzen recht glückliche, auch an äußeren Ehren reiche und nur durch die mehrmalige Vereitelung der Hoffnung auf Kindersegen zeitweilig getrübte Jahre"[13]. 1893 wird er zum Senatspräsidenten am Oberlandesgericht Dresden ernannt. Seine erneute Erkrankung führt er auf die „ungewöhnliche Arbeitslast" zurück, die mit diesem Amt verbunden war. Schreber wird wegen auffälliger Wahn- und Verfolgungsideen erneut in eine Klinik eingeliefert. Erst nach mehreren Jahren beginnt sich sein Zustand allmählich zu bessern. Im Jahre 1900 beginnt er mit der Niederschrift der „Denkwürdigkeiten eines Nervenkranken". Schreber erreicht es, daß das gegen ihn ergangene Entmündigungsurteil aufgehoben wird und daß die „Denkwürdigkeiten" veröffentlicht werden dürfen. Er stirbt 1911, im selben Jahr, in dem auch Freud seine Fallstudie über ihn publiziert.

Um den Rahmen dieser Arbeit nicht zu sprengen, will ich den Inhalt der „Denkwürdigkeiten" Schrebers nur in sehr stark verkürzter Form wiedergeben: Schreber beschuldigt Professor Flechzig, der ihn während seiner ersten Erkrankung behandelte, er habe „Seelenmord" an ihm begangen. Später gelangt er zu der Ansicht, Gott selbst sei Mitwisser oder sogar Anstifter des gegen ihn gerichteten Komplotts gewesen. Gott trete durch Strahlen mit seinen erregten Nerven in Verbindung und vollbringe verschiedenartige „Wunder" an seinem Körper. Er habe den Plan, ihn in ein Weib zu verwandeln. Nachdem Schreber sich zunächst dagegen wehrt, akzeptiert er später diese Verwandlung, um Gott „die Wollust zu bieten". So kann er schon zu seinen Lebzeiten die Seligkeit genießen, die andere Menschen erst nach ihrem Tode erleben würden.[14]

Freuds Interpretation des Falles Schreber

Freud führt Schrebers Verfolgungswahn auf verdrängte homosexuelle Regungen zurück. Aus der Zeit seiner ersten Erkrankung sei „eine zärtliche Anhänglichkeit an den Arzt übrig geblieben", die später „eine Verstärkung zur Höhe einer erotischen Zuneigung gewann"[15]. Freud nimmt an, daß Schreber auf Gott und Dr. Flechzig „die zu erotischer Verstärkung gelangte Sehnsucht nach Vater und Bruder" übertrug[16].

Abb. 2 Dr. Daniel Gottlob Moritz Schreber (1808–1861)

Das Verhältnis des paranoiden Patienten zu seinem „Verfolger" kann nach Freud durch eine einfache Formel aufgelöst werden: Freud nimmt an, „der jetzt wegen seiner Verfolgung Gehaßte und Gefürchtete sei ein einstiger Geliebter und Verehrter. Die vom Wahne statuierte Verfolgung diene vor allem dazu, die Gefühlsverwandlung im Kranken zu rechtfertigen."[17]

Woher weiß Freud so genau, daß der Gefühlston ins Gegenteil verkehrt wird? Könnte der Verfolgungswahn nicht auch der Ausdruck einer starken *Furcht* vor dem *Vater* sein? Obwohl Freud nichts über Schrebers Kindheit weiß, schreibt er über den Vater folgendes:

Es fehlt nichts von dem Material, das sonst durch die Analyse in solchen Fällen aufgedeckt wird, alles ist durch irgendwelche Andeutungen vertreten. Der Vater erscheint in diesen Kindererlebnissen als der Störer der vom Kinde gesuchten, meist autoerotischen Befriedigung, die in der Phantasie später oft durch eine minder ruhmlose ersetzt wird. Im Ausgang des Schreberschen Wahnes feiert die infantile Sexualstrebung einen großartigen Triumph; die Wollust wird gottesfürchtig, Gott selbst (der Vater) läßt nicht ab, sie von dem Kranken zu fordern. Die gefürchtetste Drohung des Vaters, die der Kastration, hat der zuerst bekämpften und dann akzeptierten Wunschphantasie der Verwandlung in ein Weib geradezu den Stoff geliehen. Der Hinweis auf eine Verschuldung, die durch die Ersatzbildung „Seelenmord" gedeckt ist, ist überdeutlich.[18]

Freuds Annahme, der Vater hätte die autoerotische Befriedigung des Kindes gestört, erscheint durchaus plausibel. Schrebers Vater vertrat nämlich ausgesprochen sexualfeindliche Einstellungen[19]. Die Behauptung, die gefürchtetste Drohung des Vaters sei die der *Kastration* gewesen, ist dagegen eine reine Spekulation. Wenn Dr. Schreber seine Erziehungsprinzipien verwirklichen wollte, mußte er nicht nur das sexuelle Verhalten, sondern *alle* Lebensäußerungen seiner Kinder einer strengen Kontrolle unterwerfen.

Den Ausdruck „Seelenmord" betrachtet Freud als eine *Ersatzbildung*, als Hinweis auf eine Verschuldung des Sohnes. Auf die eigentlich naheliegende Idee, daß der Begriff „Seelenmord“ auf die unterdrückenden Erziehungsmethoden des Vaters hinweisen könnte, kam Freud indessen nicht. Sein theoretisches Konzept, in dem Verfolgungswahn auf verdrängte homosexuelle Regungen zurückgeführt wird, und sein beschränktes methodisches Vorgehen (das Außerachtlassen der aufschlußreichen Schriften des Vaters) lassen diese Alternativhypothese nicht in Freuds Blickfeld geraten.

Schatzmans Deutung des Schreberschen Verfolgungswahns

Im Gegensatz zu Freud nimmt der Psychiater Morton Schatzman an, daß den Wahnideen Schrebers nicht verdrängte Liebe zum Vater, sondern begründete Furcht vor dem Vater zugrundelag. Er zeigt an einer Fülle von Beispielen verblüffende Übereinstimmungen zwischen den Erziehungsmethoden des Vaters und den Halluzinationen des Sohnes. Ich möchte hier nur zwei Beispiele herausnehmen:

1. Schreber beschwert sich in den „Denkwürdigkeiten“ darüber, daß von Wesen auf entfernten Weltkörpern alles aufgeschrieben werde, was mit ihm zu tun hat:

> Man unterhält Bücher oder sonstige Aufzeichnungen, in denen schon seit Jahren alle meine Gedanken, alle meine Redewendungen, alle meine Gebrauchsgegenstände, alle sonst in meinem Besitze oder meiner Nähe befindlichen Sachen, alle Personen, mit denen ich verkehre usw. aufgeschrieben werden...[20]

Auffälligerweise empfiehlt der Vater in seinen Erziehungsschriften das folgende Vorgehen:

> Im Familienkreise (...) ist die Einführung einer in der Kinderwohnstube aufzuhängenden Rügentafel ein recht wirksames Erziehungsmittel. Auf einer solchen Tafel sind die Namen der Kinder verzeichnet, bei denen jedes vorgekommene Vergehen, auch alle kleinen Vergeßlichkeiten, Ordnungswidrigkeiten usw. durch einen Strich oder ein Notizwort vermerkt werden. Am Schluß jedes

Monats wird im Beisein aller Abrechnung gehalten, dabei je nach Umständen Verweis oder Anerkennung ausgesprochen, und besonders auf die an dem einen oder anderen Kinde haftenden Gewohnheitsfehler oder Schwächen nachdrücklich hingewiesen.[21]

2. Schreber beschreibt eine Reihe von „Wundern", die an seinem Körper verübt werden, z. B. das „Engbrüstigkeitswunder" oder das Zusammendrücken des Kopfes durch eine „Kopfzusammenschnürungsmaschine".

Nun weiß man, daß Schrebers Vater den *Schreberschen Geradhalter* entwickelte, ein Instrument, das die Kinder zwang, am Tisch gerade zu sitzen. Bei vornübergebeugter Haltung drückt dabei eine waagerechte Stange gegen die Schlüsselbeine und die Vorderseite der Schultern. – Schreber senior konstruierte auch einen *Gürtel mit ringförmigen Schulterlaschen* (Abb. 3). Dieser Gürtel sollte verhindern, daß das Kind im Bett auf der Seite schläft, was Dr. Schreber für schädlich hielt; das Kind kann nur in Rückenlage schlafen. Schließlich verwendete er auch einen *Kopfhalter* und eine *Kinnbinde* (Abb. 4), die das Kind daran hindern, den Kopf nach vorne oder zur Seite zu neigen. Diese Folterinstrumente dürften dem Sohn lange im Gedächtnis geblieben sein. Schatzman[22] nimmt an, daß die Erziehungsmethoden des Vaters das Kind verwirrten. Der Sohn darf aber nicht erkennen, daß seine Verwirrung durch das Verhalten des Vaters hervorgerufen wird; angeblich geschieht ja alles, was seine Eltern ihm antun, nur zu seinem Besten. Der spätere Verfolgungswahn Schrebers kann dementsprechend als eine Reaktion auf diese ‚double-bind'-Situationen betrachtet werden, denen er als Kind ständig ausgesetzt war.

Es ist natürlich nicht möglich, auf der Grundlage eines *Einzelfalles* sichere Schlußfolgerungen über die Ursachen paranoider Störungen zu ziehen. Die Zusammenhänge zwischen dem Verhalten des Vaters und den späteren Wahnideen des Sohnes können verschiedenartig gedeutet werden, je nachdem, ob man von einer Umwelttheorie, von einer Wechselwirkungstheorie oder von einer Vererbungstheorie der Paranoia ausgeht – und das eröffnet ganz interessante Perspektiven.

1. *Umwelttheorie:* Hier ginge man davon aus, daß der Verfolgungswahn des Sohnes durch seine Erziehung und eventuell auch andere Umwelteinflüsse verursacht worden ist. Jedes Kind, das diesen Bedingungen ausgesetzt wäre, würde ähnliche Störungen entwickeln.

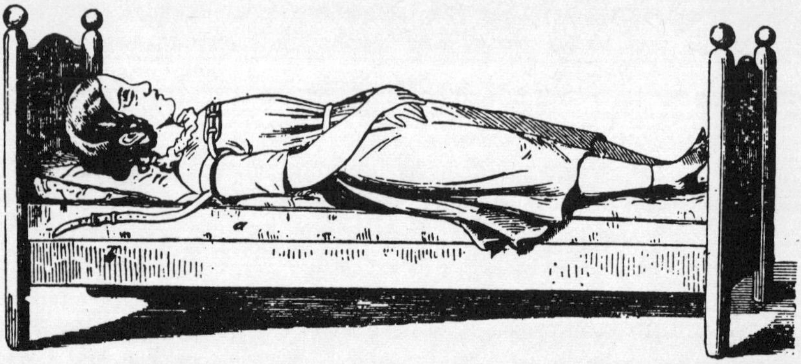

Abb. 3 Gürtel mit ringförmigen Schulterlaschen für das schlafende Kind (nach Schatzman 1974, S. 47)

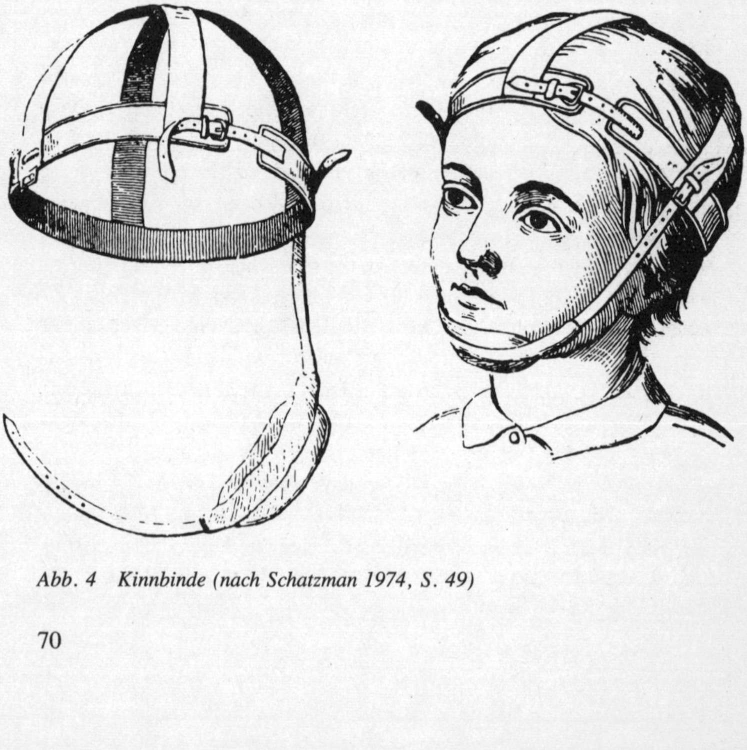

Abb. 4 Kinnbinde (nach Schatzman 1974, S. 49)

2. *Wechselwirkungstheorie:* Das Entstehen einer paranoiden Störung hängt von dem Zusammenwirken von Anlagen und Umweltbedingungen ab. Durch ungünstige Bedingungen in der Kindheit und Jugend (z. B. eine extrem strenge Erziehung) wird die Gefahr einer paranoiden Entwicklung bei Personen mit einer entsprechenden Veranlagung erhöht. Die gleichen Bedingungen können aber bei anderen Kindern ganz andersartige Auswirkungen hervorrufen.

3. *Vererbungstheorie:* Geisteskrankheiten wie Paranoia werden durch Stoffwechselstörungen im Gehirn verursacht, die im wesentlichen erblich bedingt sind. Nur die Inhalte des Wahns werden durch die früheren Erfahrungen der Person beeinflußt.

Für den Vertreter einer reinen Umwelttheorie dürfte es nicht ganz leicht zu erklären sein, weshalb Schrebers Verfolgungswahn erst 32 Jahre nach dem Tode seines Vaters auftrat: Wieso wurde er unter dem Einfluß der seltsamen Erziehungsmethoden seines Vaters nicht schon sehr viel früher verrückt? Diese wichtige Frage wird von Schatzman leider nicht diskutiert. Meiner Ansicht nach gibt es gewichtige Gründe, die für eine Wechselwirkungstheorie der Entstehung von Geisteskrankheiten sprechen[23]. Aber auch der Vertreter einer reinen Vererbungstheorie der Paranoia wird aufgrund des vorliegenden Beweismaterials wohl zugeben, daß Schrebers Wahnsystem inhaltlich mit seinen Kindheitserfahrungen zusammenhängt. Ich möchte hier aber nicht ausführlicher auf die sehr komplizierte und in vielen Punkten noch ungeklärte Frage eingehen, wie psychotische Störungen entstehen.

Der Psychoanalytiker William G. Niederland nennt Freuds Arbeit über Schreber einen „Durchbruch für das Verständnis der Psychogenese paranoider Zustände" und „eine klassische analytische Studie ersten Ranges"[24]. Ich würde dieser Einschätzung zustimmen, wenn Freud ohne Kenntnis der Schriften des Vaters zu dem Ergebnis gekommen wäre, die Wahnvorstellungen Schrebers deuteten darauf hin, daß er als Kind einer extrem kontrollierenden, zwanghaften Erziehung ausgesetzt war. Freud übernahm aber höchst unkritisch das Bild des „vortrefflichen Vaters" von seinen Zeitgenossen. Dieses idealisierte Bild von Schrebers Vater wurde gerade durch Niederlands Forschungen korrigiert. Freuds Schrift ist höchstens deshalb aufschlußreich, weil sich hier sehr klar zeigt, wie er schematisch seine Konzepte über die kindliche Entwicklung und seine Theorie der Paranoia, die er nach seinen eigenen Angaben[25] schon früher entwickelt hatte, auf den Fall Schreber anwendet. Seine Studie zeigt deutlich, wie *spekulativ* viele Deutungen sind – ja sein müssen, wenn man sich bei der Interpretation eines Falles nur auf die Aussagen *einer* Person verläßt. Erst durch die Berücksichtigung der „Erziehungsschriften" des Vaters werden neue und besser fundierte Interpretationen der „Denkwürdigkeiten" des Sohnes möglich.

Zusammenfassung

In der 1911 erschienenen Arbeit über den Fall Schreber deutet Freud den Verfolgungswahn als Abwehr verdrängter homosexueller Regungen. Freud stützt seine Interpretationen auf das autobiographische Buch „Denkwürdigkeiten eines Nervenkranken" von Daniel Paul Schreber. Obwohl Freud bekannt war, daß sich Schrebers Vater mit Erziehungsfragen beschäftigte, macht er keinen Versuch, seine Erziehungsmethoden zu analysieren. Viele der merkwürdigen Erlebnisse des Sohnes werden aber erst verständlich, wenn man die extrem manipulativen Erziehungspraktiken des Vaters kennt. Schatzmans Studie über Schreber, die die Erziehungsschriften des Vaters mitberücksichtigt, enthält Interpretationen, die in vielen Punkten besser fundiert sind als Freuds Deutungen. Allerdings ist es nicht möglich, aus diesem Einzelfall allgemein gültige Schlußfolgerungen über die Ursachen der Paranoia abzuleiten.

8. Der Fall des Wolfsmanns

Sergej Konstantinowitsch Pankejeff (1886–1979), der Sohn eines reichen russischen Großgrundbesitzers, begann im Jahre 1910 eine Analyse bei Freud, die vier Jahre dauerte. Freud schrieb die Krankengeschichte kurz nach Abschluß der Behandlung und veröffentlichte sie 1918 unter dem Titel „Aus der Geschichte einer infantilen Neurose"[1]. Sie gilt als seine vielleicht berühmteste Fallstudie. Seinen Patienten bezeichnete er nach einen Traum, der in der Analyse eine wichtige Rolle spielt, als den Wolfsmann. Es lohnt sich, gerade diese Fallstudie näher zu analysieren. Freud selbst hielt sie auch für höchst bedeutsam, denn, wie er schrieb:

> Neues kann man nur aus Analysen erfahren, die besondere Schwierigkeiten bieten, zu deren Überwindung man dann viel Zeit verbraucht. Nur in diesen Fällen erreicht man es, in die tiefsten und primitivsten Schichten der seelischen Entwicklung herabzusteigen und von dort die Lösungen für die Probleme der späteren Gestaltungen zu holen (...). An solchen fruchtbringenden Schwierigkeiten ließ der hier zu beschreibende Krankheitsfall nichts zu wünschen übrig.[2]

Auch von anderen Analytikern wurde die Geschichte des Wolfsmanns für Freuds bedeutendste Fallstudie gehalten. Nach dem Urteil von James Strachey, dem Herausgeber der englischen Freud-Gesamtausgabe ist sie „die ausführlichste und zweifellos wichtigste aller Krankengeschichten Freuds".[3] Ernest Jones, der Biograph von Freud, nennt sie „sicherlich die beste der Reihe. Freud stand damals auf der Höhe seines Könnens; er beherrschte seine Methode mit großer Sicherheit, und seine Technik in der Deutung und der Synthese des unglaublich komplexen Materials muß die Bewunderung jedes Lesers gewinnen".[3a]

Besonders interessant und fast einzigartig in der Geschichte der Psychotherapie ist weiterhin, daß der Wolfsmann auf Anregung der Psychoanalytikerin Muriel Gardiner seine Lebenserinnerungen aufzeichnete[4] und darin detailliert seine Analyse bei Freud beschrieb[5]. In

Gesprächen mit der Journalistin Karin Obholzer[6] äußerte er sich als alter Mann sehr kritisch über seine Analyse bei Freud und ihre Ergebnisse.

Freuds Analyse des Wolfsmanns

Freud beschäftigt sich in seiner Fallstudie mit der Kindheitsneurose des Patienten. Diese Neurose dauerte bis zu seinem zehnten Lebensjahr; sie wurde etwa fünfzehn Jahre nach ihrem Ablauf analysiert. Auf die späteren neurotischen Störungen des Wolfsmanns geht Freud nicht näher ein.

Grundlage der Analyse sind die Erinnerungen des Patienten an Ereignisse aus seiner Kindheit. Zu einem großen Teil handelt es sich um Erlebnisse aus der Zeit, als der Patient vier Jahre oder sogar noch jünger war. Freud vertraut seiner Analyse so sehr, daß er Erkundigungen bei älteren Familienmitgliedern über die immerhin schon zwanzig Jahre zurückliegenden Ereignisse entschieden ablehnt.[7]

Die ersten Jahre der Behandlung bewirkten – nach Freuds Angaben – bei dem Patienten kaum eine Änderung:

> Es bedurfte einer langen Erziehung, um ihn zu bewegen, einen selbständigen Anteil an der Arbeit zu nehmen (...). Seine Scheu vor einer selbständigen Existenz war so groß, daß sie alle Beschwerden des Krankseins aufwog. Es fand sich ein einziger Weg, um sie zu überwinden. Ich mußte warten, bis die Bindung an meine Person stark genug geworden war, um ihr das Gleichgewicht zu halten, dann spielte ich diesen einen Faktor gegen den anderen aus.[8]

Freud setzte einen Termin für die Beendigung der Behandlung, um dadurch den Patienten unter Druck zu setzen. Dieses Verfahren war wirksam, denn „die Analyse lieferte nun in unverhältnismäßig kurzer Zeit all das Material, welches die Lösung seiner Hemmungen und die Aufhebung seiner Symptome ermöglichte.“[9]

An zentraler Stelle in Freuds Fallstudie steht ein Traum des Patienten, der *Wolfstraum*, den das Kind im Alter von vier Jahren geträumt hatte:

„Ich habe geträumt, daß es Nacht ist und ich in meinem Bett liege (...). Plötzlich geht das Fenster von selbst auf, und ich sehe mit großem Schrecken, daß auf dem großen Nußbaum vor dem Fenster ein paar weiße Wölfe sitzen. Es waren sechs oder sieben Stück. Die Wölfe waren ganz weiß und sahen eher aus wie Füchse oder Schäferhunde, denn sie hatten große Schwänze wie Füchse, und ihre Ohren waren aufgestellt wie bei den Hunden, wenn sie auf etwas passen. Unter großer Angst, offenbar von den Wölfen aufgefressen zu werden, schrie ich auf und erwachte. Meine Kinderfrau eilte zu meinem Bett, um nachzusehen, was mit mir geschehen war. Es dauerte eine ganze Weile, bis ich überzeugt war, es sei nur ein Traum gewesen, so natürlich und deutlich war mir das Bild vorgekommen, wie das Fenster aufgeht und die Wölfe auf dem Baume sitzen. Endlich beruhigte ich mich, fühlte mich wie von einer Gefahr befreit und schlief wieder ein."[10]

Der Wolfsmann stellte den Traum auch in einer Zeichnung dar (Abb. 5). Die Deutung dieses Traums nun gibt einen ausgezeichneten Einblick in die Methode Freuds, mit der er angeblich die tiefsten Erkenntnisse über die menschliche Seele gewann. Zur Deutung des Traums werden alle Ähnlichkeiten, aber auch alle Gegensätze herangezogen, die dem Patienten und Freud zu den einzelnen Traumelementen einfallen. Auf diese Weise versucht Freud, die angenommene Verbindung zur Verursachung der infantilen Neurose herzustellen. Die Deutungsarbeit dauerte, wie erwähnt, mehrere Jahre lang. Der Patient erinnerte sich dabei an Märchen wie „Rotkäppchen", „Der Wolf und die sieben Geißlein" und an eine märchen-ähnliche Geschichte, in der einem Wolf der Schwanz ausgerissen wird. Diese letzte Geschichte, so nimmt Freud an, habe durch ihre „unzweideutige Anknüpfung an den Kastrationskomplex" den Traum angeregt[11]. Freud war der Meinung, daß der Wolf ein *Symbol* für den Vater sei; die Angst vor den Wölfen bedeute daher Angst vor dem Vater[12].

Da die anfänglichen Deutungen aber nicht weiterführen, müssen weitere Entstellungen des latenten Traumgedankens angenommen werden. Die Stelle des Traums, in der das Fenster plötzlich aufgeht, wird dahingehend erklärt, daß die Augen des Träumenden aufgingen. Die Bewegungslosigkeit der Wölfe, die ja angeblich den Vater darstellen,

Abb. 5 Zeichnung des Wolfsmanns zu seinem Traum (nach Freud 1918, XII, S. 55)

soll heftigste Bewegung bedeuten. Daraus zieht Freud den kühnen Schluß, daß das Kind im Alter von anderthalb Jahren (!), als es wegen einer Krankheit nachmittags im Zimmer der Eltern lag, Zeuge eines dreimaligen Koitus wurde. Bei diesem Vorgang habe es die Geschlechtsteile der Eltern sehen können. Freud nimmt an, daß das Kind die Bedeutung des Vorganges ‚nachträglich' im Alter von vier Jahren verstand. Recht interessant ist eine Bemerkung, die er zu dieser Szene macht:

> Woher dreimal? Er (der Wolfsmann, C. E.) stellte plötzlich einmal die Behauptung auf, daß ich dieses Detail durch Deutung eruiert hätte. Das traf nicht zu[13].

Freud schenkt diesen zweifelnden Bemerkungen seines Patienten also keine Beachtung, obwohl es sich dabei um ein Ereignis aus der jüngsten Vergangenheit handelt. Andererseits glaubt er ihm, wenn es um weit zurückliegende Ereignisse in der frühesten Kindheit des Patienten geht. Allerdings handelt es sich ja bei der *Urszene* im Schlafzimmer der Eltern *nicht* um eine echte Erinnerung des Wolfsmanns:

> Szenen, wie die bei meinem Patienten, aus so früher Zeit und mit solchem Inhalt, die dann eine so außerordentliche Bedeutung für die Geschichte des Falles beanspruchen, werden in der Regel nicht als Erinnerungen reproduziert, sondern müssen schrittweise und mühselig aus einer Summe von Andeutungen erraten – konstruiert – werden.[14]

Aus dieser zweifelhaften Konstruktion werden dann allerdings recht bedeutsame Folgerungen für den ‚Fall' abgeleitet. Freud versucht – in äußerst suggestiver Sprache – den Leser von der Realität der – konstruierten – Urszene zu überzeugen:

> Nehmen wir als unwidersprochene Voraussetzungen an, daß eine solche Urszene technisch richtig entwickelt worden sei, daß sie unerläßlich sei zur zusammenfassenden Lösung aller Rätsel, welche uns die Symptomatik der Kindheitserkrankung aufgibt, daß alle Wirkungen von ihr ausstrahlen, wie alle Fäden der Analyse zu ihr hingeführt haben, so ist es mit Rücksicht auf ihren Inhalt unmöglich, daß sie etwas anderes sei als die Reproduktion einer vom Kinde erlebten Realität.[15]

Freud geht sogar soweit, daß er den Leser vor die Alternative stellt:

> Es muß also dabei bleiben – ich sehe keine andere Möglichkeit –, entweder ist die von seiner Kindheitsneurose ausgehende Analyse überhaupt ein Wahnwitz, oder es ist alles so richtig, wie ich es oben dargestellt habe.[16]

Wenn wir diese Alternative ernst nehmen und nicht nur als einen argumentativen, rhetorischen Trick zur Überredung des Lesers betrachten, dann allerdings ist Freuds Analyse ein „Wahnwitz". Denn Freud stellt schon 1923, fünf Jahre später also, die Position wieder in Frage, die er zuvor – 1918 – als die einzig mögliche, einzig wahre dargestellt hatte:

Es war vielleicht nicht ein Koitus der Eltern, sondern ein Tierkoitus, den das Kind beobachtet und dann auf die Eltern geschoben, als ob es erschlossen hätte, die Eltern machten es auch nicht anders (...).

Was in der erwartungsvollen Erregtheit seiner Traumnacht hinzukam, war dann die Übertragung des kürzlich gewonnenen Erinnerungsbildes mit *allen* seinen Einzelheiten auf die Eltern, wodurch aber erst jene mächtigen Affektwirkungen ermöglicht wurden.[17]

Freud spricht aufgrund dieser Überlegungen statt von der *Urszene* auch von einer *Urphantasie*. Dieser Ausdruck ist eigentlich irreführend, denn es handelt sich dabei ja nicht um eine Phantasie des Patienten, sondern um eine *Phantasie Freuds*. Die Urszene soll für das Kind die folgende Bedeutung gehabt haben:

Das wesentlich Neue, das ihm die Beobachtung des Verkehrs der Eltern brachte, war die Überzeugung von der Wirklichkeit der Kastration, deren Möglichkeit seine Gedanken schon vorher beschäftigt hatte.[18]

Die angebliche Beschäftigung des Kindes mit dem Kastrationskomplex datiert Freud aber auf einen wesentlich späteren Zeitpunkt. Er nimmt an, der Junge habe erkannt, daß die Frau keinen Penis besitzt. Da diese Erkenntnis aber die Kastrationsangst des Kindes gesteigert hätte, habe er sie wieder verworfen.[19] Erst im Wolfstraum, der seinem manifesten Inhalt nach keinerlei Ähnlichkeit mit der Urszene hat, soll der Patient zu einem nachträglichen Verständnis seiner kindlichen Beobachtungen gekommen sein[20]. Als Deutung des Traums ergibt sich: „Sehnsucht nach sexueller Befriedigung durch den Vater – Einsicht in die daran geknüpfte Bedingung der Kastration – Angst vor dem Vater.«[21]

Die Interpretation wird natürlich noch komplizierter, wenn man annimmt, daß das Kind nicht eine Urszene beobachtet, sondern nur phantasiert hat. Man müßte dann annehmen, daß die Beobachtung eines Koitus von Schäferhunden und die Übertragung dieser Szene auf die Eltern all diese seltsamen Wirkungen gehabt habe. Und das verlangt vom unvoreingenommenen Leser schon eine ganze Menge. Aber damit nicht genug der komplizierten Vorgänge und Ideen. Ich möchte noch einen weiteren Zusatz Freuds zur Urszene erwähnen:

Das Kind unterbrach endlich das Beisammensein der Eltern durch eine Stuhlentleerung, die sein Geschrei motivieren konnte. Für die Kritik dieses Zusatzes gilt alles das, was ich vorhin von dem anderen Inhalt derselben Szene in Diskussion gezogen habe. Der Patient akzeptierte diesen von mir konstruierten Schlußakt und schien ihn durch „passagere Symptombildung“ zu bestätigen (...).

Es würde sich an der ganzen Geschichte nichts ändern, wenn diese Äußerung damals unterblieben oder wenn sie von später her in den Vorgang der Szene eingesetzt wäre. Ihre Auffassung ist aber nicht zweifelhaft. Sie bedeutet eine Erregtheit der Analzone (im weitesten Sinne).[22]

Hier zeigt sich deutlich die manchmal recht seltsame Logik Freuds. Auch wenn die Darmentleerung gar nicht stattgefunden haben sollte, wenn sie erst später eingesetzt worden wäre (nämlich durch den Analysierenden Freud), so hätte ihre Auffassung nicht zweifelhaft zu sein! *Freuds „Erkenntnisse“ beruhen also zu einem großen Teil auf der Interpretation seiner eigenen Phantasien, die er dem Patienten als Konstruktionen mitteilte.* Es ist nicht verwunderlich, daß der Wolfsmann während seiner Analyse bereit war, Freuds Konstruktionen zu akzeptieren. Freud hatte ihm ja suggeriert, er könne nur dann geheilt werden, wenn er die frühkindlichen Ursachen seiner Störung erkennen würde (d. h. im Klartext: wenn er Freuds Interpretationen und Konstruktionen anerkennen würde). Da die gesamte Fallgeschichte des Wolfsmanns auf den bisher referierten Konstruktionen und Deutungen aufbaut, verzichte ich darauf, weitere Einzelheiten zu besprechen. Ich möchte nur noch einen Punkt erwähnen, der für Freuds Denken charakteristisch ist. Freud schreibt in bezug auf die spätere Kindheit des Patienten:

Es ist ganz unzweifelhaft, daß ihm um diese Zeit der Vater zu jener Schreckensperson wurde, von der die Kastration droht (...). Der Knabe hat hier ein phylogenetisches Schema zu erfüllen und bringt es zustande, wenngleich seine persönlichen Erlebnisse nicht dazu stimmen mögen. Die Kastrationsdrohungen oder Andeutungen, die er erfahren hatte, waren vielmehr von Frauen ausgegangen, aber das konnte das Endergebnis nicht für lange aufhalten. Am Ende wurde es doch der Vater, von dem er die Kastration befürchtete. In diesem Punkt siegte die Heredität über das akzidentelle Erleben; in der Vorgeschichte der Menschheit ist es gewiß der Vater gewesen, der die Kastration als Strafe übte und sie dann zur Beschneidung ermäßigte.[23]

Freuds Behauptung, das Kind fürchte sich „unzweifelhaft" vor der Kastration durch den Vater, ist überaus zweifelhaft. Sie beruht nicht auf einer Erinnerung des Patienten, sondern auf einer phantasievollen Interpretation seiner damaligen Symptome. Da das angebliche Phänomen der Furcht vor dem kastrierenden Vater nicht auf berichtete Kindheitserlebnisse zurückgeführt werden kann, nimmt Freud ein phylogenetisches Erbe an, das diese Auswirkungen hervorrufe. Diese Annahme beruht auf Spekulationen über Ereignisse in der Vorgeschichte der Menschheit (vgl. Kapitel 9) und auf der Theorie, daß erworbene Eigenschaften vererbt werden können. An dieser Theorie hielt Freud auch dann noch fest, als sie bei Biologen schon längst als widerlegt galt.

Freud diskutiert interessanterweise mögliche alternative Interpretationen seiner Fallgeschichte. Eine Auffassung bestünde darin, die frühkindlichen Szenen nicht als reale Begebenheiten anzusehen, sondern als regressive Phantasien: der Patient würde sich von den Aufgaben der Gegenwart abwenden, indem er aktuelle Wünsche und Konflikte auf die Vergangenheit zurückprojiziere[24]. – Eine fundamentalere Kritik an seinen Deutungen wäre denkbar, wie er zugibt:

Der Psychotherapeut alten Schlages würde seinem Patienten suggerieren, daß er gesund sei, seine Hemmungen überwunden hat und dgl.; der Psychoanalytiker aber, daß er als Kind dies oder jenes Erlebnis gehabt hat, das er jetzt erinnern müsse, um gesund zu werden. Das wäre der Unterschied zwischen beiden.

Machen wir uns klar, daß dieser letzte Erklärungsversuch der Gegner auf eine weit gründlichere Erledigung der Infantilszenen hinausläuft, als anfangs angekündigt wurde. Sie sollten nicht

> Wirklichkeiten sein, sondern Phantasien. Nun wird es offenbar: nicht Phantasien des Kranken, sondern des Analytikers selbst, die er aus irgend welchen persönlichen Komplexen dem Analysierten aufdrängt.[25]

Freud glaubt, diese zu erwartenden, ihm vielleicht auch schon bekannten Argumente ziemlich pauschal zurückweisen zu können.

Er weist darauf hin, wie allmählich die Konstruktion der Kindheitsszenen zustandekam. Außerdem betont er die Unabhängigkeit ihrer Ausgestaltung von seinen Anregungen. Diese Szenen ermöglichten eine Synthese, die alle Probleme und Sonderbarkeiten der Krankengeschichte befriedigend löse. Freud schreibt, „daß er sich nicht den Scharfsinn zutraut, eine Begebenheit auszuhecken, welche alle diese Ansprüche in einem erfüllen kann".[26]

Tatsächlich wäre dies wohl kaum möglich gewesen, wenn er sich strikt an die Regeln der *Logik* gehalten hätte. Da diese Regeln aber durch seine Annahmen über die angeblichen Arbeitsweise des Unbewußten aufgehoben sind, gibt es kaum ein Ereignis, das nicht im Sinne seiner Theorie interpretiert werden könnte. Die Konvergenz und der Zusammenhang der Fallgeschichte sind kein Beweis für die Richtigkeit der Deutungen. Allzu viele Elemente des Gesamtzusammenhangs beruhen auf fragwürdigen Konstruktionen und Interpretationen. Auch sogenannte spontane Produktionen des Patienten sind möglicherweise das Ergebnis einer jahrelangen psychoanalytischen Indoktrination. Die innere Stimmigkeit eines gedanklichen Systems sagt im übrigen nichts über seine Übereinstimmung mit der Realität aus. Auch die Wahnsysteme von paranoiden Menschen besitzen oft eine erstaunliche innere Konsistenz.

Freud verbindet die zweifelhafte Interpretation eines Traumes mit der zweifelhaften Konstruktion der „Urszene". Diese Spekulationen bezeichnet er dann fälschlicherweise als Tatsachen. Mit diesen „Tatsachen" glaubt er die konkurrierenden Theorien von Alfred Adler und Carl Gustav Jung widerlegen zu können, die den Realitätsgehalt vieler frühkindlicher Szenen bezweifeln und sie als regressive Phantasien von Patienten betrachten:

Das wäre alles gut und schön, wenn der Unglückliche nur nicht schon mit vier Jahren einen Traum gehabt hätte, mit dem seine Neurose begann, der durch die Erzählung des Großvaters vom Schneider und vom Wolf angeregt wurde und dessen Deutung die Annahme einer solchen Urszene notwendig macht. An diesen kleinlichen, aber unantastbaren Tatsachen scheitern leider die Erleichterungen, die uns die Theorien von Jung und Adler verschaffen wollen.[27]

Hätte Freud sich selber doch etwas stärker an die Mahnung gehalten, die er an seine Gegner richtet:

Sowie man begonnen hat, sich von dem Material, aus dem man schöpfen soll, zu entfernen, läuft man Gefahr, sich an seinen Behauptungen zu berauschen und endlich Meinungen zu vertreten, denen jede Beobachtung widersprochen hätte.[28]

Meinrad Perrez[29] untersuchte 1972 die Fallstudie vom Wolfsmann unter etwas anderen Aspekten. Auch er kommt zu dem Ergebnis, daß diese Art der „klinischen Validierung" psychoanalytischer Hypothesen nicht als wissenschaftlich betrachtet werden kann. Auch der Wolfsmann äußert sich als alter Mann sehr kritisch zur Freudschen Deutungsmethode:

In meiner Geschichte, was ist da eigentlich durch Träume erklärt worden? Ich wüßte nicht, was. Der Freud führt doch alles auf die Urszene zurück, die er aus dem Traum ableitet. Im Traum aber kommt sie nicht vor. Wenn er z. B. die weißen Wölfe als Nachthemden oder so was, als Leintücher oder Kleider setzt, das ist doch irgendwie an den Haaren herbeigezogen, finde ich. Diese Szene im Traum, daß sich die Fenster öffnen und so weiter und daß da diese Wölfe sitzen, bis zu seiner Deutung, das ist, ich weiß nicht, ich finde, das ist ein sehr langer Weg. *Das ist doch mehr oder weniger an den Haaren herbeigezogen.*[30] (Hervorhebung von mir, C. E.)

Eine alternative Erklärung zur Entstehung der Kindheitsneurose des Wolfsmanns

Ich will versuchen, eine Alternativerklärung zu Freuds Interpretation der Krankengeschichte des Wolfsmanns zu skizzieren. Dabei stütze ich mich sowohl auf Passagen in Freuds Fallstudie, in denen er Erinnerungen des Wolfsmanns referiert, als auch auf den Bericht des Wolfsmanns über seine Kindheit.

Verschiedene Bedingungen könnten dazu geführt haben, daß der Wolfsmann als Kind überdurchschnittlich ängstlich und unsicher war: Der Junge hatte wenig Kontakt zu seiner Mutter, die an Unterleibskrankheiten litt und sich nur wenig mit den Kindern abgab.[31] Freud berichtet, das Verhältnis des Kindes zum Vater sei in den ersten Lebensjahren „ein sehr zärtliches" gewesen; der Vater war aber häufig verreist oder befand sich wegen depressiver Verstimmungen in klinischer Behandlung. Als Sergej noch nicht vier Jahre alt war, erlebte er, daß seine Mutter völlig verzweifelt war:

> Irgend einmal hatte ihn die Mutter mitgenommen, während sie den Arzt, der sie besucht hatte, zur Bahnstation begleitete. Sie klagte während dieses Weges über ihre Schmerzen und Blutungen und brach in die nämlichen Worte aus: So kann ich nicht mehr leben, ohne zu erwarten, daß das an der Hand geführte Kind sie im Gedächtnis behalten werde.[32]

Dann war das Verhältnis des Jungen zu seiner zwei Jahre älteren Schwester sehr gespannt:

> Für unseren Patienten war die Schwester in der Kindheit (...) ein unbequemer Konkurrent um die Geltung bei den Eltern, dessen schonungslos gezeigte Überlegenheit er sehr drückend empfand.[33]

Die Schwester verführte ihren Bruder, als er drei Jahre alt war, zu sexuellen Spielereien.[34] (Aus Freuds Bericht geht aber nicht hervor, ob das Kind diese Erlebnisse als belastend empfand; dies blieb offensichtlich unanalysiert.)

Die wichtigste Bezugsperson des Kindes ist seine ‚Nanja' (Kinderfrau), zu der er offenbar ein sehr gutes Verhältnis hatte. Aber auch sie verzichtete in ihrer Erziehung nicht auf Drohungen:

Er begann also vor der Nanja mit seinem Glied zu spielen, was, wie in so vielen anderen Fällen, als Verführungsversuch aufgefaßt werden muß. Die Nanja enttäuschte ihn, sie machte ein ernstes Gesicht und erklärte, das sei nicht gut. Kinder, die das täten, bekämen an der Stelle eine „Wunde".[35]

Natürlich *muß* man dieses Ereignis nicht als Verführungsversuch auffassen, auch wenn Freud nur diese eine Interpretationsmöglichkeit sieht. Woher soll denn ein Kleinkind wissen, daß die Erwachsenen das Spielen mit dem Glied als etwas Unanständiges, ja sogar als etwas Gefährliches ansehen? Ein Kind kann dies offensichtlich erst *dann* wissen, nachdem es ihm verboten wurde.

Als das Kind drei Jahre alt ist, wird eine englische Gouvernante eingestellt. Sie quält den Jungen und beschimpft seine wichtigste Vertrauensperson, die Nanja. Als die Eltern vom Sommerurlaub zurückkommen, fällt ihnen die *Charakterveränderung* des Kindes auf. Das vorher sanfte und ruhige Kind war unzufrieden, reizbar und launisch geworden.[36]

Vielleicht liegt es am Einfluß der älteren Schwester, daß sich der Zustand des Jungen auch nach der Entlassung der englischen Gouvernante nicht bessert. Mit der später eingestellten bulgarischen Gouvernante versteht er sich besser. Aber auch sie scheint keinen sehr günstigen Einfluß auf ihn auszuüben. So erzählt sie oft von den Greueltaten, die die Türken im Krieg gegen die Bulgaren verübt hatten. Weiterhin schreibt der Wolfsmann über diese Gouvernante:

Wieso Fräulein Elisabeth auf die Idee kam, uns auch *Onkel Toms Hütte* vorzulesen, verstehe ich eigentlich nicht, denn dieses Buch mit seinen grausigen Einzelheiten von Mißhandlungen der Neger war sicherlich keine geeignete Lektüre für Kinder. Manche Schilderungen von Züchtigungen von Negern störten sogar meinen Schlaf.[37]

Ich halte es für wahrscheinlich, daß das Kind unter dem Einfluß dieser ungünstigen Bedingungen eine erhöhte allgemeine Ängstlichkeit entwickelte. Auf dieser Grundlage kann dann leicht eine Phobie entstehen. Wieso entwickelte der kleine Sergej eine besonders starke Furcht vor Wölfen? Es gibt keine Hinweise auf direkte Begegnungen mit Wölfen oder mit großen (Schäfer-)Hunden, die bei dem Kind Angst auslösten. Dem Jungen wurden aber *mehrfach* Märchen erzählt, in denen Wölfe eine große Rolle spielen und als ausgesprochen böse und gefährliche Tiere geschildert werden. Der Patient erinnerte sich im Zusammenhang mit dem Wolfstraum an drei Geschichten mit Wölfen („Rotkäppchen", „Der Wolf und die sieben Geißlein" und eine weitere Erzählung). Vielleicht wäre seine Furcht vor Wölfen schnell wieder abgeklungen, wenn seine Schwester sie nicht absichtlich geschürt hätte:

Er weiß also zu erzählen, daß er an einer Angst gelitten, welche sich seine Schwester zunutze machte, um ihn zu quälen. Es gab ein gewisses Bilderbuch, in dem ein Wolf dargestellt war, aufrecht stehend und ausschreitend. Wenn er dieses Bild zu Gesicht bekam, fing er an wie rasend zu schreien, er fürchtete sich, der Wolf werde kommen und ihn auffressen. Die Schwester wußte es aber immer so einzurichten, daß er dieses Bild sehen mußte, und ergötzte sich an seinem Schrecken.[38]

Diese Ereignisse reichen meiner Ansicht nach vollkommen aus, um verständlich zu machen, daß sich das Kind vor Wölfen fürchtete und auch einmal einen Angsttraum hatte, in dem Wölfe vorkamen. Da der Junge in seiner Kindheit ein sehr gutes Verhältnis zu seinem Vater hatte – wie Freud mitteilt[39] – ist es überaus zweifelhaft, ob der Wolf ein Symbol für den Vater darstellte.

Für Freud scheint es selbstverständlich zu sein, daß sadistische und masochistische Phantasien und Handlungen des Kindes (z. B. das Ausreißen der Flügel bei Fliegen und das Zertreten von Käfern) durch die Unterdrückung der Onanie bedingt sind.[40] Diese sadistischen Tendenzen des Kindes könnten aber auch darauf zurückgeführt werden, daß er von der englischen Gouvernante und von seiner Schwester gequält wurde. Auch die Erzählungen der bulgarischen Gouvernante, die nach den Angaben des Wolfsmanns wegen ihrer Grausamkeit seinen Schlaf störten, könnten für die sadistischen und masochistischen Phantasien mitverantwortlich sein. Nachdem der Junge von seiner Mutter mit der biblischen Geschichte bekannt gemacht wurde, entwickelte er zwanghafte Rituale: Bevor er ins Bett ging, küßte er alle Heiligenbilder im Zimmer, sagte Gebete auf und schlug unzählige Kreuze über sich und sein Bett.[41] Diese Rituale können als ein Versuch angesehen werden, die eigenen Ängste zu vermindern.

Ich behaupte nicht, daß meine Erklärung der Kindheitsneurose im Gegensatz zur Freudschen Interpretation richtig ist. Die Daten, die uns zur Verfügung stehen, vor allem die Erinnerungen des Erwachsenen als alter Mann an seine Kindheit, sind viel zu unzuverlässig, um ein solches Urteil zuzulassen. Es ist nicht auszuschließen, daß der Wolfsmann sich an wichtige Ereignisse nicht mehr erinnern konnte oder daß er Gedächtnistäuschungen unterlag. Trotzdem habe ich den Eindruck, daß mein Erklärungsansatz im Vergleich zu Freuds Theorie empirisch besser fundiert und nicht so sehr „an den Haaren herbeigezogen" ist.

Die Wirkungen der Freudschen Analyse

Die Analyse bei Freud bewirkte bei dem Wolfsmann anscheinend eine deutliche Besserung seines Befindens. (Im Jahre *1919* hielt Freud aber eine Nachbehandlung für nötig, um ein noch nicht bewältigtes Stück der Übertragung zu analysieren.) Freud nimmt an, daß die Besserung des Patienten auch durch äußere Umstände aufrechterhalten wurde:

> In einigen Monaten Arbeit wurde nun ein noch nicht überwundenes Stück der Übertragung bewältigt; seither hat Patient, dem der Krieg Heimat, Vermögen und alle Familienbeziehungen geraubt hatte, sich normal gefühlt und tadellos benommen. Vielleicht hat gerade sein Elend durch die Befriedigung seines Schuldgefühls zur Befestigung seiner Herstellung beigetragen.[42]

Wegen einer starken „hypochondrischen Wahnidee" brauchte der Wolfsmann 1926 erneut psychoanalytische Hilfe. Da Freud damals schon sehr krank war, konnte er die Behandlung nicht selbst übernehmen und verwies ihn auf eine Kollegin. Ruth Mack Brunswick[43] berichtet über den damaligen Zustand des Patienten und die von ihr durchgeführte Behandlung. Sie führt die schwere Störung des Wolfsmanns auf einen „ungelösten Übertragungsrest" zurück. Der Wolfsmann benötigte auch später noch mehrmals psychotherapeutische Hilfe. Im Alter litt er oft wochen- oder monatelang unter Depressionen[44].

Manche Psychoanalytiker behaupten, die Analyse würde dauerhaftere und tiefgehendere Veränderungen der Persönlichkeitsstruktur bewirken als alle andere Formen der Psychotherapie. Der Fall des Wolfsmanns wirkt dagegen sehr ernüchternd: Trotz einer vierjährigen Analyse bei Freud und mehreren Nachbehandlungen bei anderen Analytikern wurden seine psychischen Störungen allenfalls gemildert, aber nicht grundlegend beseitigt.

Ich möchte nun noch darauf zu sprechen kommen, welche Faktoren für die Besserung im Befinden des Wolfsmanns in den Jahren nach seiner Analyse bei Freud verantwortlich sein könnten.

Der Wolfsmann war von Anfang an von Freud sehr beeindruckt. Freud hörte ihm im Gegensatz zu seinen früheren Ärzten aufmerksam zu und zeigte Verständnis für seine Probleme. Er akzeptierte auch die Beziehung des Wolfsmanns zu Therese, seiner damaligen Geliebten und späteren Ehefrau. Der Wolfsmann hatte sie während eines früheren Sanatoriumsaufenthaltes kennengelernt. Da sie geschieden war, ein Kind hatte und als Krankenschwester arbeitete, war dies kein standesgemäßes Verhältnis. Freud interpretierte diese Beziehung aber als „Durchbruch zum Weibe" und als „großartigste Leistung" des Patienten, während frühere Ärzte seine Verliebtheit als „krankhaft" bezeichnet hatten. Als Kind hatte der Wolfsmann in verschiedenen Punkten die biblische Geschichte und die Lehren der Religion kritisiert und der Nanja dazu viele Fragen gestellt; daher nannte Freud ihn einen „Denker ersten Ranges". Da der Wolfsmann sich von Freud akzeptiert fühlte und wieder Hoffnung hatte, gesund zu werden, verbesserte sich sein Zustand am Anfang der Analyse.[45] Im Gespräch mit Karin Obholzer schildert der Wolfsmann, wie es Freud gelang, ihn von der Wirksamkeit der Psychoanalyse zu überzeugen:

Als er mir alles erklärt hat, hab ich ihm gesagt: Also gut, ich bin einverstanden, aber ich werd das noch überprüfen, ob das richtig ist. – Und er hat gesagt: Also fangen Sie damit gar nicht an. Weil in dem Moment, in dem Sie versuchen, die Dinge kritisch zu betrachten, können wir mit der Kur nicht weiterkommen. Es wird Ihnen soundso helfen, ob Sie jetzt glauben oder nicht glauben, es hilft Ihnen. – Na und selbstverständlich hab ich dann auf weitere Kritik verzichtet.[46]

Freud arbeitet hier sehr geschickt mit einer positiven Suggestion. – Trotz der günstigen Ausgangssituation machte die Analyse lange Zeit aber keine wesentlichen Fortschritte. Daher setzte Freud als Druckmittel einen Termin für die Beendigung der Behandlung fest. Dieses Verfahren erwies sich als äußerst wirksam. Freud beschreibt sein Vorgehen folgendermaßen:

Ich versprach dem Patienten die völlige Herstellung seiner Darmtätigkeit, machte seinen Unglauben durch diese Zusage offenkundig, und hatte dann die Befriedigung, seinen Zweifel schwinden zu sehen, als der Darm wie ein hysterisch affiziertes Organ bei der Arbeit „mitzusprechen" begann, und im Laufe weniger Wochen seine normale, so lange beeinträchtigte Funktion wiedergefunden hatte.[47]

Während die eigentliche Analyse jahrelang stagnierte, konnte Freud durch eine positive Suggestion in wenigen Wochen eine Besserung bewirken. Der Wolfsmann selbst führt es auf die Übertragung zurück, daß er damals Freuds Konstruktionen und Interpretationen akzeptierte:

Aber das ist ja ganz interessant, daß er gesagt hat, kritisieren Sie nicht, und denken sie nicht nach, und suchen Sie keine Widersprüche, sondern nehmen Sie das an, was ich Ihnen sage, und die Besserung wird sich von selbst einstellen. Dadurch ist es ihm selbstverständlich gelungen, eine totale Übertragung auf seine Person herzustellen. Na, ob das wieder gut ist? Das ist ja auch die Frage. Eine zu starke Übertragung endet damit, daß Sie dann auf andere Menschen, die sozusagen den Freud ersetzen, übertragen, und ohne Kritik glauben. Und das ist bei mir teilweise geschehen. Also die Übertragung, das ist ja auch eine gefährliche Sache.[48]

Ob die intensive Beschäftigung mit der frühen Kindheit des Wolfsmanns therapeutisch hilfreich war, halte ich durchaus für zweifelhaft. Es könnte sogar sein, daß durch die übermäßige Konzentration auf die Vergangenheit die Therapie unnötig verlängert wurde. Meiner Ansicht nach kann der Therapieerfolg des Wolfsmanns plausibel auf die folgenden Faktoren zurückgeführt werden:

1. Freuds verständnisvolle und interessierte Haltung gegenüber dem Wolfsmann;
2. seine tolerante und ermutigende Einstellung zu der nicht standesgemäßen Liebesbeziehung des Wolfsmanns;
3. der Gebrauch von positiven Interpretationen und Komplimenten, die das Selbstvertrauen des Patienten stärkten;
4. der gezielte Einsatz von positiven Suggestionen.

Für die vorübergehende Besserung im Befinden des Wolfsmanns sind also möglicherweise Faktoren verantwortlich, die in der psychoanalytischen Theorie kaum beachtet werden.

Zusammenfassung

In der 1918 erschienenen Arbeit „Aus der Geschichte einer infantilen Neurose" versucht Freud, die Entstehung frühkindlicher Störungen eines Patienten zu rekonstruieren. Diesen Patienten nennt er nach einem für die Analyse wichtigen Traum den *Wolfsmann*. Die kritische Untersuchung dieses Falles, die sich auf Freuds Arbeit und auf Berichte des Wolfsmanns über seine Analyse stützt, kommt zu den folgenden Ergebnissen:

1. Freud beeinflußt den Patienten massiv im Sinne seiner Theorien. 2. Freuds Interpretationen beruhen in vielen Punkten auf seinen eigenen Konstruktionen und nicht auf Erinnerungen des Patienten. Freud interpretiert also Ereignisse, die er zuvor aus seinen eigenen Interpretationen erschlossen und dem Patienten mitgeteilt hatte. 3. Die Entstehung der Kindheitsneurose des Wolfsmanns und die durch die Analyse bewirkte Besserung können auch ohne Rückgriff auf Freuds fragwürdige Interpretationen und Konstruktionen erklärt werden.

8. Der Fall des Wolfsmanns

Die Krankengeschichte des Wolfsmanns wurde von vielen Psychoanalytikern für Freuds bedeutendste Fallstudie gehalten. Meiner Ansicht nach zeigt diese Arbeit besonders deutlich die Unwissenschaftlichkeit von Freuds Interpretationsmethode.

9. Freuds Theorie der kindlichen Entwicklung

In diesem Abschnitt werde ich besprechen, welche Bedeutung die frühe Kindheit nach Freuds Ansicht für die Persönlichkeitsentwicklung besitzt. Anschließend stelle ich die Phasentheorie der Libidoentwicklung dar und referiere Untersuchungen über die Bedeutung des Stillens und der Reinlichkeitserziehung. Weiterhin werden die Konzepte des Penisneides, der Kastrationsangst und des Ödipus-Komplexes besprochen.

Die Bedeutung der frühen Kindheit

Freud leitete seine Theorie der kindlichen Entwicklung aus Aussagen erwachsener Patienten sowie aus seinen eigenen Kindheitserfahrungen ab. Er glaubte, neurotische Störungen entstünden stets in der frühen Kindheit:

> Es scheint, daß Neurosen nur in der ersten Kindheit (bis zum 6. Jahr) erworben werden, wenn auch ihre Symptome erst viel später zum Vorschein kommen mögen. Die Kindheitsneurose mag für kurze Zeit manifest werden oder selbst übersehen werden. Die spätere neurotische Erkrankung knüpft in allen Fällen an das Vorspiel in der Kindheit an. Vielleicht macht die sogenannte traumatische Neurose (durch überstarken Schreck, schwere somatische Erschütterungen, wie Eisenbahnzusammenstoß, Verschütterung und dgl.) hiervon eine Ausnahme; ihre Beziehungen zur infantilen Bedingung haben sich bisher der Untersuchung entzogen.[1]

Die Charakterstruktur eines Menschen ist nach der psychoanalytischen Theorie bis zum sechsten Lebensjahr weitgehend *festgelegt;* normalerweise könne sie nur noch geringfügig durch spätere Ereignisse verändert werden. Im Gegensatz zu damals weitverbreiteten psychiatrischen Lehrmeinungen vertrat Freud die Auffassung, nicht die Erbmasse alleine, sondern das Zusammenwirken von genetischer Ausstattung („Anlage") und Umwelteinflüssen bestimmte die kindliche Entwicklung. Diese Annahme wird heute in den Sozialwissenschaften weitgehend akzeptiert.

Aus psychoanalytischen Behandlungen leitete Freud die Behauptung ab, die Neurose eines Erwachsenen lasse sich immer auf eine Kindheitsneurose zurückführen (außer vielleicht bei traumatischen Neurosen). Wahrscheinlich werden sich die meisten Menschen an irgendwelche *kindliche Ängste* erinnern können. Der Analytiker kann daraus leicht auf eine Kindheitsneurose schließen, die der Störung des Erwachsenen zugrundeliegen soll. Sofern sich ein Patient *nicht* an angstbesetzte Kindheitserlebnisse erinnern kann, nimmt der Analytiker an, daß er diese Erlebnisse besonders tief *verdrängt* hat. Die Theorie der frühkindlichen Entstehung von Neurosen kann daher durch die Erfahrungen in der Analyse *nicht widerlegt* werden.

Aber nehmen wir einmal an, daß ein Patient tatsächlich bereits als Kind unter neurotischen Störungen litt. Kann man daraus ohne weiteres auf eine kausale Beziehung zwischen der früheren und der späteren Störung schließen oder gibt es auch andere Erklärungsmöglichkeiten? Wie Eysenck und Rachman[2] zeigen konnten, sind manche Menschen stärker als andere dazu disponiert, psychische Störungen zu entwickeln. Diese Auffassung stimmt übrigens gut mit Freuds Annahme überein, daß die Ursache aller psychischen Phänomene „in der Wechselwirkung von mitgebrachten Dispositionen und akzidentellen Erlebnissen zu suchen" sei[3]. Ein vegetativ labiler Mensch kann daher als Kind aufgrund belastender Erlebnisse z. B. eine Tierphobie entwickeln, die allmählich wieder abklingt. Wenn er später als Erwachsener unter starken privaten oder beruflichen Konflikten leidet, reagiert er darauf mit anderen neurotischen oder psychosomatischen Symptomen. Es wäre in diesem Fall sehr fragwürdig, eine direkte Beziehung zwischen der Furcht des Kindes und den Problemen des Erwachsenen anzunehmen. Natürlich gibt es in anderen Fällen sehr viel engere und deutlichere Beziehungen zwischen den Problemen, die ein Mensch einmal als Kind und zum anderen als Erwachsener hat. Ich halte es aber nicht für sinnvoll, eine solche Beziehung von vornherein als sicher anzunehmen. Psychische Störungen können in jedem Lebensalter entstehen, nicht nur in den ersten sechs Lebensjahren.

Hansjörg Hemminger stellt in seinem vieldiskutierten Buch „Kindheit als Schicksal?“[4] die Behauptung in Frage, daß die frühe Kindheit entscheidend für das weitere Lebensschicksal eines Menschen sei. Dabei bezieht er sich vor allem auf die Ergebnisse verschiedener Längsschnittuntersuchungen, die den tiefenpsychologischen Traumatheorien klar widersprechen. In einer Studie von MacFarlane etwa wurde die Entwicklung von 166 Personen vom Säuglingsalter bis zum dreißigsten Lebensjahr mit medizinischen und psychologischen Methoden (Interviews, Intelligenz- und Persönlichkeitstests) untersucht. Darüber heißt es:

(...) mit erstaunlicher Häufigkeit [gingen] fähige, ausgeglichene und einfühlsame Erwachsene aus traumatischen Familienverhältnissen hervor. Umgekehrt, und dieser Befund ist für die Praxis noch weit bedeutsamer, wurden begabte, problemlose und glückliche Kinder zu unzufriedenen, „neurotischen“ Erwachsenen, die sich und ihrer Umgebung zur Last fielen. Selbstverständlich wird auch von durchgängig positiven und durchgängig negativen Lebensschicksalen berichtet. Es wird jedoch gerade die für die Wissenschaftler überraschend große Fähigkeit betont, schwierige Erfahrungen der Kindheit zu überwinden und von diesem Lernprozeß für die Zukunft zu profitieren.[5]

Als ein ausgesprochener Risikofaktor für die spätere Entwicklung stellte sich in dieser Arbeit von MacFarlane der *Verlust von geliebten Bezugspersonen in der frühen Kindheit* heraus. Eine solche Erfahrung ist offenbar so belastend, daß deren Folgen noch lange Zeit erkennbar sind; aber selbst aus solchen Ereignissen können keine sicheren Voraussagen über die weitere Entwicklung des Kindes abgeleitet werden.

Verschiedene andere Untersuchungen kommen zu ganz ähnlichen Ergebnissen[6]. Großangelegte Längsschnittuntersuchungen sind methodisch sehr viel besser und bieten sicher vertrauenswürdigere Daten als Arbeiten, bei denen man auf die Erinnerungen von Personen an längst vergangene Ereignisse angewiesen ist. Wer nicht eine starke emotionale Bindung an psychoanalytische Lehrmeinungen entwickelt hat, den werden die Ergebnisse dieser Langzeitstudien vielleicht nicht allzu sehr überraschen: Warum eigentlich sollen die Erfahrungen, die ein Mensch *nach* seinem sechsten Lebensjahr – in der Familie, in der Schule, im Freundeskreis, in seinen Liebesbeziehungen, im Berufsleben oder im Studium – macht, einen *geringeren* Einfluß auf seine Persönlichkeitsentwicklung haben als die frühe Kindheit? Die Erfahrungen der frühen Kindheit – so wäre das Fazit aus den vorliegenden Untersuchungen zu formulieren – werden anscheinend so stark von späteren Einflüssen überlagert, daß man ihre Auswirkungen bei Erwachsenen – abgesehen von Fällen extremer Belastungen in der Vorschulzeit – kaum noch empirisch nachweisen kann. Diese Untersuchungsergebnisse stellen die Freudsche Entwicklungstheorie bedeutsam in Frage.

Die Phasentheorie der kindlichen Entwicklung

Freud[7] teilt die kindliche Entwicklung in verschiedene Phasen ein, und zwar nach den angeblichen, jeweils dominierenden Zonen des primären Lustgewinns. Etwas vereinfacht meint das: In der *oralen Phase* wird der Lustgewinn vor allem durch den Mund erreicht. In der *analen Phase* soll das Kind vor allem durch die Ausscheidungsfunktionen Befriedigung finden. In der *phallischen Phase* soll das Interesse für die Sexualorgane im Vordergrund stehen. Freud nimmt an, daß diese Körperzonen während der Entwicklung in unterschiedlichem Ausmaß mit libidinöser Energie besetzt werden. Nach Freuds Ansicht folgt auf die phallische Phase etwa gegen Ende des fünften Lebensjahres die *Latenzzeit* mit einem Stillstand oder einer Rückbildung der Sexualentwicklung bis zum Beginn der *Pubertät*. Es wird angenommen, daß diese psycho-sexuellen Phasen nicht klar voneinander getrennt sind, sondern ineinander übergehen oder sich überlagern.

Freud behauptet, seine Theorie der Libidoentwicklung sei durch Beobachtungen an Kindern bestätigt worden:

Meine Aufstellungen über die Sexualität des Kindes waren anfangs fast ausschließlich auf die Ergebnisse der in die Vergangenheit rückschreitenden Analyse von Erwachsenen begründet. Zu direkten Beobachtungen am Kinde fehlte mir die Gelegenheit. Es war also ein außerordentlicher Triumph, als es Jahre später gelang, den größten Teil des Erschlossenen durch direkte Beobachtung und Analyse von Kindern in sehr frühen Jahren zu bestätigen, ein Triumph, der allmählich durch die Überlegung verringert wurde, die Entdeckung sei von solcher Art, daß man sich eigentlich schämen müsse, sie gemacht zu haben. Je weiter man sich in die Beobachtung des Kindes einließ, desto selbstverständlicher wurde die Tatsache, desto sonderbarer aber auch der Umstand, daß man sich solche Mühe gegeben hatte, sie zu übersehen.[8]

Mit den „direkten Beobachtungen am Kinde" spielt Freud anscheinend auf den Fall des kleinen Hans an (der im sechsten Kapitel besprochen wurde). Wie Wolpe und Rachman[9] nachwiesen, widersprachen die direkten Beobachtungen des Vaters allerdings in vielen Punkten der Freudschen Theorie. – Auch die Ergebnisse empirischer Untersuchungen, vor allem langfristiger Beobachtungen stützen Freuds Phasentheorie nicht. Ein Beispiel: De Waele[10] berichtet über eine Studie, in der Kinder im Alter von zweieinhalb bis sechseinhalb Jahren in einem Kindergarten langfristig beobachtet wurden. Oral-, anal- und genitalorientiertes Verhalten kommt nach den Ergebnissen dieser Arbeit bei Kindern in diesem Alter häufig vor. Es wurden aber weder die von Freud angenommene Aufeinanderfolge der Phasen noch die Zuordnung bevorzugter Verhaltensweisen zu bestimmten Altersstufen gefunden.

Auch die Behauptung, mit etwa sechs Jahren trete in der sexuellen Entwicklung eine Ruhepause bis zum Beginn der Pubertät ein, ist sehr fragwürdig. Freud war bekannt, daß es Beobachtungen gibt, die seinem Konzept der Latenzzeit widersprechen. In einem Brief an Oskar Pfister schrieb er über die Latenzperiode, „daß die Beiseiteschiebung der Sexualität ja oft nur eine partielle ist, so daß ein gewisses Maß von Betätigung festgehalten wird. Dies ist sehr häufig, es gibt aber auch genug Personen, bei denen man nicht zur Aufstellung einer Latenzzeit gekommen wäre."[11] Trotzdem leitet Freud aus dem zweifelhaften Konzept einer Latenzperiode weitgehende biologische Spekulationen ab, wobei er wiederum Vermutungen für Tatsachen nahm:

Wir stoßen hier auf die Tatsache eines *zweiseitigen Ansatzes* des Sexuallebens, die außer beim Menschen nicht bekannt und offenbar sehr wichtig für die Menschwerdung ist.[12]

Im Gegensatz dazu schreibt Broderick über die Sexualentwicklung von Kindern in der sogenannten Latenzzeit:

Zusammenfassend kann man sagen, daß bei den meisten Kindern unserer Gesellschaft in der Vorpubertät sexuelle Aktivität zumindest sporadisch und gelegentlich vorkommt; in sozialen Verhältnissen jedoch, in denen die Sexualität der Kinder nicht tabuiert wird, in denen den Kindern sexuelle Beobachtungen leichtgemacht werden oder in denen man sie sogar zur Sexualität ermuntert, kann sich die sexuelle Aktivität schon in diesem Alter zu einem integrierten Bestandteil der individuellen Lebensweise entwickeln.[13]

Auch psychoanalytisch orientierte Autoren haben inzwischen erkannt, daß sich Freuds Konzept der Latenzzeit heute nicht mehr aufrechterhalten läßt[14]. Wenn Kinder nach dem Alter von sechs Jahren tatsächlich seltener sexuelle Verhaltensweisen zeigen, läßt sich dies auch anders erklären. Sie lernen eben in einem bestimmten Alter, sich den gesellschaftlichen Normen über Sexualität anzupassen, um von ihren Bezugspersonen nicht kritisiert oder bestraft zu werden. Daher werden sie die für ihre Entwicklungsstufe als unangemessen und unpassend empfundenen sexuellen Verhaltensweisen unterdrücken oder sie zumindest stärker vor den Erwachsenen verbergen als dies im Kleinkindalter geschah.

Abgesehen von der trivialen Tatsache, daß beim Kleinkind orale Verhaltensweisen wie Saugen oder Lutschen früher ausgeprägt sind als die Beherrschung der Ausscheidungsfunktionen, konnte, wie berichtet, die Freudsche Phasentheorie durch direkte Beobachtungen an Kindern nicht bestätigt werden. Hemminger[15] weist in diesem Zusammenhang darauf hin, daß in der psychoanalytischen Entwicklungstheorie ganz entscheidende Entwicklungsschritte nicht angemessen berücksichtigt werden. Der aufrechte Gang, der differenzierte Gebrauch von Werkzeugen und die Sprache sind die Merkmale, durch die sich der sich entwickelnde Mensch am stärksten von allen anderen Säugetieren unterscheidet. Im zweiten und dritten Lebensjahr macht die sprachliche und motorische Entwicklung des Kindes große Fortschritte. Das Kind hat jetzt mehr Möglichkeiten, seine Umwelt zu erkunden, und seine sozialen Kontakte zu Gleichaltrigen und Erwachsenen werden differenzierter. Man darf es daher nicht für eine sehr glückliche Begriffsbildung halten, wenn Freud ausgerechnet diese komplexe Altersstufe nach einer vermeintlich dominierenden Trieborientierung als „anale Phase" bezeichnet.

Untersuchungen zur Bedeutung der frühkindlichen Ernährung (orale Phase)

Freuds Theorie der Entwicklung des Kindes regte besonders in den Vereinigten Staaten Untersuchungen über die Auswirkungen bestimmter Erziehungspraktiken an. Verschiedene Arbeiten beschäftigten sich dabei auch mit den Auswirkungen verschiedener Ernährungsmethoden (Stillen, Entwöhnung usf.) im ersten und zweiten Lebensjahr auf die spätere Persönlichkeitsentwicklung des Kindes.

Zu den wenigen Arbeiten, die zu einem positiven Ergebnis kamen, gehört eine Studie von Frieda Goldman-Eisler.[16] Diese Autorin überprüfte die Voraussagen der Psychoanalytiker Abraham und Glover, daß spät entwöhnte Kinder später im Leben optimitisch, freigiebig, zugänglich für neue Ideen und ehrgeizig seien; früh entwöhnte Kinder seien dagegen pessimistisch, leicht verstimmbar, zurückhaltend, abhängig und unsicher. Goldman-Eisler fand eine positive Korrelation zwischen früher Entwöhnung und Pessimismus. Die Persönlichkeitsmerkmale der erwachsenen Versuchspersonen wurden durch Fragebögen erfaßt; der Zeitpunkt der Entwöhnung wurde nach Angaben der Mütter der Versuchspersonen geschätzt.

In anderen Untersuchungen wurden dagegen keine bedeutsamen Zusammenhänge zwischen der Ernährung des Säuglings und dem späteren Verhalten als Kind gefunden. Sewell und Mussen[17] konnten in ihrer Untersuchung keinerlei signifikante Zusammenhänge zwischen oralen Symptomen wie Eßschwierigkeiten, Daumenlutschen, Nägelbeißen und Stottern und der allgemeinen Anpassung von fünf- bis sechsjährigen Kindern mit den Stilltechniken der Mutter nachweisen. Auch Behrens[18] kam in ihrer Studie zu dem Ergebnis, daß zwischen bestimmten Erziehungspraktiken der Mütter (Füttern, Entwöhnen und Sauberkeitserziehung) und dem Verhalten des Kindes keine Beziehung besteht; sie fand aber einen bedeutsamen Zusammenhang zwischen der Anpassung des Kindes und der Einschätzung der Gesamtpersönlichkeit der Mutter. Zu ganz ähnlichen Ergebnissen kamen Sears, Maccoby und Levin[19]: Sie fanden keinen Einfluß von Brust- bzw. Flaschenernährung auf die Häufigkeit von Eßproblemen bzw. Bettnässen bei Kindern (im Alter von fünf Jahren). Mütter mit einem großen Ausmaß an gefühlsmäßiger Wärme hatten sehr viel seltener Kinder mit Eßproblemen als emotional kalte Mütter. Nach einer Untersuchung von Thomae[20] unterschieden sich ungestillte bzw. kurz gestillte Kinder nur in einem von vierzehn Verhaltensmerkmalen von länger gestillten Kindern, nämlich in der Sicherheit des Kindes während der psychologischen Untersuchung. (Der Anteil der unsicheren Kinder war bei den „Ungestillten" und „kurz Gestillten" deutlich erhöht.)

Zusammenfassend kann man also sagen, daß es höchstens schwache und unregelmäßige Beziehungen zwischen der Ernährung des Kleinkindes und dem späteren Verhalten des Kindes gibt. Die Arbeiten von Behrens und Sears, Maccoby und Levin legen eine andere Hypothese nahe: *Die allgemeine emotionale Beziehung der Mutter zu ihrem Kind ist für seine Entwicklung wesentlich bedeutsamer als bestimmte Ernährungspraktiken*. Die berichteten relativ schwachen Zusammenhänge zwischen der Dauer des Stillens und späteren Persönlichkeitsmerkmalen könnten darauf beruhen, daß Mütter mit einer positiven Einstellung zu ihrem Kind im Durchschnitt länger stillen als Mütter mit einer negativen Einstellung. Die Fütterung stellt nach dieser Auffassung eine Situation unter vielen anderen dar, in der das Kind eine positive Erfahrung im Kontakt mit seiner Mutter machen kann. Vor allem der Körper- und der Augenkontakt scheinen eine wichtige Rolle in der Beziehung zwischen der Mutter (oder einer sonstigen relevanten Bezugsperson) und dem Säugling zu spielen.[21]

Untersuchungen zur Reinlichkeitserziehung

Freud[22] nimmt an, daß sich die Reinlichkeitserziehung nachhaltig auf die Persönlichkeit des Kindes auswirkt; sie soll zu den Eigenschaften Ordentlichkeit, Sparsamkeit und Eigensinn führen. Freud glaubt, daß Erwachsene mit diesen Eigenschaften verhältnismäßig lange gebraucht hätten, bis sie die Darmfunktionen beherrschen konnten. Sie würden unter anderen zu den Kindern gehören, die sich weigern, den Darm zu entleeren, wenn sie auf den Topf gesetzt werden.

In verschiedenen Untersuchungen wurden positive Korrelationen zwischen den verschiedenen Merkmalen des „analen Charakters" (Ordentlichkeit, Sparsamkeit, Eigensinn) gefunden.[23] Dagegen konnten keine Zusammenhänge zwischen diesen Charaktermerkmalen und der Reinlichkeitserziehung festgestellt werden.

In einer Arbeit von Hetherington und Brackbill[24] wurden fünfjährige Kinder in bezug auf Ordentlichkeit, Sparsamkeit und Eigensinn untersucht. Ihre Eltern erhielten Fragebögen, die die gleichen Merkmale erfassen sollten; außerdem wurden sie über die Reinlichkeitserziehung ihrer Kinder befragt. Nur bei den Mädchen und den Müttern, aber nicht bei den Jungen und den Vätern wurden signifikante statistische Zusammenhänge zwischen den oben erwähnten drei Merkmalen des sogenannten analen Charakters gefunden. Es gab keinerlei statistisch bedeutsame Korrelationen zwischen diesen drei Charaktermerkmalen und der Strenge, dem Zeitpunkt des Beginns, dem Zeitpunkt des Abschlusses oder der Dauer der Reinlichkeitserziehung. Dagegen standen die Testergebnisse der Mädchen in einer positiven Beziehung zu den entsprechenden Fragebogenwerten ihrer Mütter.

Diese Ergebnisse sprechen dafür, daß Ordentlichkeit, Sparsamkeit und Eigensinn nicht oder zumindest nicht ausschließlich durch die Reinlichkeitserziehung erworben werden. Z. B. könnten diese Eigenschaften durch die Nachahmung elterlicher Verhaltensweisen erlernt werden; auch die Belohnung oder Bestrafung bestimmter Verhaltensweisen seitens der Eltern dürfte eine wichtige Rolle spielen. *Die Bezeichnung „analer Charakter" für die dominierenden Eigenschaften Ordentlichkeit, Sparsamkeit und Eigensinn ist nach den Ergebnissen empirischer Untersuchungen zur Reinlichkeitserziehung jedenfalls sachlich nicht gerechtfertigt.*

Die Reinlichkeitserziehung scheint sich – alles in allem – nur auf die Beherrschung der Ausscheidungsfunktionen bedeutsam auszuwirken. Verschiedene Untersuchungen, die Caldwell[25] referiert, zeigten im allgemeinen einen Zusammenhang zwischen der Strenge der Reinlichkeitserziehung und späteren speziellen Störungen wie Einnässen oder Einkoten. Eine strenge Sauberkeitserziehung hat vor allem dann negative Auswirkungen auf die Persönlichkeit des Kindes, wenn sie mit einer emotional kalten Einstellung der Mutter zu ihrem Kind verbunden ist.[26]

Die phallische Phase und der Mythos vom Ödipus-Komplex

Die dritte Phase der kindlichen Entwicklung, die sogenannte phallische Phase, beschreibt Freud folgendermaßen:

Mit und in der phallischen Phase erreicht die frühkindliche Sexualität ihre Höhe und nähert sich dem Untergang. Knabe und Mädchen haben von jetzt an gesonderte Schicksale. Beide haben begonnen, ihre intellektuelle Tätigkeit in den Dienst der Sexualforschung zu stellen, beide gehen von der Voraussetzung des Allgemeinvorkommens des Penis aus. Aber jetzt scheiden sich die Wege der Geschlechter. Der Knabe tritt in die Ödipusphase ein, er beginnt die manuelle Betätigung am Penis mit gleichzeitigen Phantasien von irgend einer sexuellen Betätigung desselben an der Mutter, bis er durch Zusammenwirkung einer Kastrationsdrohung und des Anblicks der weiblichen Penislosigkeit das größte Trauma seines Lebens erfährt, das die Latenzzeit mit allen ihren Folgen einleitet. Das Mädchen erlebt nach vergeblichem Versuch, es dem Knaben gleichzutun, die Erkenntnis ihres Penismangels oder besser ihrer Klitorisminderwertigkeit mit dauernden Folgen für die Charakterentwicklung; infolge dieser ersten Enttäuschung in der Rivalität häufig mit erster Abwendung vom Sexualleben überhaupt.[27]

Hier werden fünf Behauptungen als allgemein gültige Aussagen über die kindliche Entwicklung dargestellt:

1. Die frühkindliche Sexualität nähert sich im Alter von sechs Jahren ihrem ,*Untergang*', erlischt danach also.

2. Beide Geschlechter gehen in diesem Alter von dem ,*Allgemeinvorkommen des Penis*' aus.

3. Die Erkenntnis des *Penismangels* beim Mädchen hat dauerhafte Folgen für seine Charakterentwicklung.

4. Durch das Zusammenwirken von *Kastrationsdrohung* und Erleben

der *weiblichen Penislosigkeit* erfährt der Junge das größte Trauma seines Lebens.

5. Der Junge verbindet die manuelle Betätigung am Penis mit Phantasien über sexuelle Beziehungen zu seiner Mutter.

Alle diese Behauptungen können mit guten Gründen zurückgewiesen werden:

1. Wie bereits erwähnt wurde, vermindert oder verringert sich die kindliche Sexualität im Alter von sechs Jahren nicht, sondern entwikkelt sich in vielen Fällen kontinuierlich weiter.

2. Es hängt wohl sehr stark von der sexuellen Aufklärung und den sexuellen Erfahrungen eines Kindes ab, ob es die anatomischen Geschlechtsdifferenzen kennt. Wenn ein Mädchen nicht sexuell aufgeklärt wurde und auch niemals einen nackten Mann oder Jungen sehen konnte, ist überhaupt nicht einzusehen, weshalb sie vom Allgemeinvorkommen den Penis ausgehen sollte.

3. Freud glaubte, die Erkenntnis des Mädchens, daß sie keinen Penis besitzt, habe dauerhafte Folgen für ihre Persönlichkeitsentwicklung. Er betrachtet es also als eine zwangsläufige Folge der Wahrnehmung der anatomischen Geschlechtsunterschiede, wenn sich eine Frau Männern gegenüber unterlegen fühlt. Möglicherweise spielt dafür eine Rolle, daß Freud die patriarchalischen Normen seiner Zeit akzeptiert und verinnerlicht hatte, die der Frau in der Familie, im Beruf und in der Politik eine eindeutig untergeordnete Stellung zuwiesen. Alfred Adler[28] erkannte im Gegensatz zu Freud die gesellschaftliche Bedingtheit von „typisch weiblichen" Charaktereigenschaften. Er lehnte die patriarchalischen Vorurteile von der Minderwertigkeit der Frau, denen offensichtlich auch Freud verhaftet war, ab. Freud[29] behauptete, die weitere Entwicklung des Mädchens vollziehe sich im Zeichen des Penisneides. Wahrscheinlich stieß diese Behauptung bei vielen weiblichen Patienten – berechtigterweise – auf Widerspruch, den er dann als „Widerstand" gegen eine verdrängte Wahrheit deuten konnte. Meiner Ansicht nach ist es eine völlige Fehleinschätzung, wenn Freud über die Frau schreibt:

Ihre eigentlich unstillbare Sehnsucht nach dem Besitz eines Penis kann zur Befriedigung kommen, wenn es ihr gelingt, die Liebe zum Organ zur Liebe für den Träger desselben zu vervollständigen, wie es seinerzeit beim Fortschritt von der Mutterbrust zur Mutterperson geschah.[30]

Eysenck und Wilson bemerken zu Freuds Konzept des Penisneides: „Es mag sein, daß Frauen einen Penis *in* sich, aber nicht *an* sich wünschen.“[31] Es gibt auch eine Umkehrung der Minderwertigkeitstheorie: Wenn ich mich richtig erinnere, soll eine Psychoanalytikerin das Leistungsstreben von Männern folgendermaßen gedeutet haben: Männer versuchen deshalb, hohe Leistungen im Beruf und Sport zu erreichen, weil es ihnen nicht vergönnt ist, Kinder zu gebären; dies aber sei die beglückendste menschliche Leistung. Wenn Männer diese Theorie des *Gebärneides* für absurd erklären würden, kann dies natürlich leicht als ein Abwehrmanöver gegen tief verdrängte Wünsche interpretiert werden somit ebenso wenig falsifiziert werden wie die Theorie des Penisneides. (Da ich die Originalliteratur zur Theorie des Gebärneides nicht kenne, weiß ich nicht, ob sie satirisch oder ernst gemeint ist.) – Die Theorie des weiblichen Penisneids stellt jedenfalls keine Satire auf die psychoanalytische Deutungskunst dar; Freud war von der Richtigkeit dieser Theorie überzeugt.

4. Es erscheint uns heute vielleicht recht seltsam, daß Freud die *Kastrationsangst* als ein so außerordentlich bedeutsames Problem ansah. Im 19. Jahrhundert mit seiner sexuellen Prüderie war aber die Ansicht weit verbreitet, daß Onanie schwerwiegende körperliche und seelische Schäden (z. B. Rückenmarksschwund) verursachen würde. Um das Onanieren zu verhindern, wurde den Kindern oft angedroht, der Penis oder die „sündige Hand“ werde ihnen abgeschnitten, wenn sie es wagten mit den Geschlechtsteilen zu spielen.[32] Solche Drohungen dürften nicht selten bei den Kindern massive Ängste ausgelöst haben. Freud betrachtete die Kastrationsangst aber ausdrücklich nicht als Folge eines gesellschaftlich weit verbreiteten Aberglaubens (eben in diesem Fall von der gesundheitsschädlichen Wirkung der Masturbation), sondern als ein *universelles* Phänomen, das auf ein Erbe aus der Urgeschichte der Menschheit zurückgeht. Er nimmt an, in der Vorgeschichte der Menschheit habe der Vater die Kastration als Strafe ausgeübt und sie dann zur Beschneidung ermäßigt.

Unter dem Eindruck dieser archetypischen Kastrationsdrohung soll der Anblick der weiblichen Geschlechtsteile für den Jungen ein erschreckendes Erlebnis sein. Denn – so Freud – er nimmt an, das penislose Mädchen oder die Frau sei kastriert worden und habe jetzt eine Wunde; dadurch steigere sich noch einmal seine Kastrationsangst in enormer Weise. – Wird diese Behauptung durch die Beobachtung von Kindern gestützt? Ich möchte hier wieder auf den Fall des kleinen Hans zurückkommen. Als Hans dreieinhalb Jahre alt war, sah seine Mutter, wie er seinen Penis mit der Hand berührte. Sie drohte ihm an: „Wenn du das machst, laß' ich den Dr. A. kommen, der schneidet dir den Wiwimacher ab. Womit wirst du dann Wiwi machen?"[33] Als Hans viereinhalb Jahre alt war, sah er zu, wie seine kleine Schwester gebadet wurde, und lachte. Als er gefragt wurde, warum er lachen würde, antwortete Hans, er lache über den Wiwimacher seiner Schwester, weil er so schön sei.[34] Das Kind zeigte also trotz der früheren Kastrationsdrohung keinerlei Anzeichen von Furcht oder Beunruhigung beim Anblick seiner kleinen nackten Schwester.

Auch der Fall des Wolfsmanns enthält keine Belege für Freuds Behauptung, der Anblick der weiblichen Geschlechtsteile sei für einen Jungen ein traumatisches Erlebnis. Die Kinderfrau sagte zu dem dreijährigen Wolfsmann, als er mit seinem Glied spielte, er solle dies nicht tun, sonst bekäme er an dieser Stelle eine Wunde.[35] Als der Junge aber später zwei Mädchen beobachtet, ist dies durchaus kein Schockerlebnis für ihn:

> Er konnte in dieser Zeit zwei Mädchen, seine Schwester und ihre Freundin, beim Urinieren beobachten. Sein Scharfsinn hätte ihn schon bei diesem Anblicke den Sachverhalt verstehen lassen können, allein er benahm sich dabei, wie wir es von anderen männlichen Kindern wissen. Er lehnte die Idee, daß er hier die von der Nanja angedrohte Wunde bestätigt sehe, ab, und gab sich die Erklärung, das sei der „vordere Popo" der Mädchen.[36]

Seltsamerweise meint Freud, der Scharfsinn des Kindes „hätte ihn schon bei diesem Anblick den Sachverhalt verstehen lassen können". Tatsächlich verstand das Kind den Sachverhalt richtig. Wenn er den Anblick der weiblichen Geschlechtsteile dagegen falsch verstanden hätte, nämlich als Kastrationswunde, so hätte dies Freud wohl als „scharfsinnige" Erkenntnis bezeichnet. Bei der Beschäftigung mit Freuds Theorien fand ich es sehr überraschend, daß seine eigenen Fallgeschichten oft das überzeugendste Beweismaterial *gegen* seine Thesen enthalten. In diesem Zusammenhang ist schließlich noch auf empirische Untersuchungen hinzuweisen, die zu dem Ergebnis kamen, daß Jungen das Fehlen eines Penis bei Mädchen nur sehr selten auf eine Verletzung zurückführen.[37]

5. Die Behauptung, Jungen würden im Alter von vier bis sechs Jahren über sexuelle Beziehungen mit ihrer Mutter phantasieren, ist ein wichtiger Bestandteil, ja der Kern der Theorie des *Ödipus-Komplexes*. Dieses Konzept wurde bereits im Zusammenhang mit dem Fall des kleinen Hans kurz besprochen (vgl. Kapitel 6).

In Anlehnung an die Kritik von Wolpe und Rachmann[38] habe ich gezeigt, daß diese Fallstudie kein solides Beweismaterial für Freuds Theorien enthält. Freud nimmt an, daß der Junge in der sogenannten phallischen Phase seine Mutter körperlich zu besitzen wünscht. Er würde dies zeigen, indem er in ihrer Anwesenheit an seinem Geschlechtsteil spielt. Die Kastrationsdrohung, die dann von einem Erwachsenen (z. B. dem Vater) ausgesprochen wird, und der Anblick der weiblichen Penislosigkeit, sollen zu einem schweren Trauma führen. Unter der Wirkung dieses Traumas würde der Junge seine Besitzansprüche an die Mutter gezwungenermaßen aufgeben, obwohl er sie weiterhin liebt; gleichzeitig würde seine Angst und sein Haß gegenüber dem Vater verstärkt. Freud betont die Bedeutsamkeit dieser Ereignisse.

> Die ganze Begebenheit, in der man wohl das zentrale Erlebnis der Kinderjahre erblicken darf, das größte Problem der Frühzeit und die stärkste Quelle späterer Unzulänglichkeit, wird so gründlich vergessen, daß dessen Rekonstruktion in der analytischen Arbeit auf den entschiedensten Unglauben des Erwachsenen stößt.[39]

In seiner Selbstanalyse fand Freud im Jahre 1897 „die Verliebtheit in die Mutter und die Eifersucht gegen den Vater".[40] Er nahm an, dabei handele es sich um eine Erfahrung, die alle *männlichen* Kinder durchmachen würden. Freud benannte diesen Komplex nach der altgriechischen Sage vom König Ödipus, die durch die Tragödie des Sophokles überliefert ist:

Laios, dem König von Theben war prophezeit worden, daß sein eigenes Kind ihn töten würde. Als seine Frau Iokaste einen Sohn gebar, läßt Laios das Kind mit durchstochenen und zusammengebundenen Füßen aussetzen. Ödipus wird aber gerettet und am Hofe eines anderen Königs aufgezogen; diesen König hält er für seinen Vater. In Unkenntnis seiner Herkunft erschlägt Ödipus später bei einem Streit seinen tatsächlichen Vater. In Theben heiratet er danach seine Mutter Iokaste und zeugt mit ihr Kinder. Als diese Zusammenhänge aufgedeckt werden, sticht Ödipus sich voller Verzweiflung beide Augen aus und geht als blinder Bettler in die selbstgewählte Verbannung.

Freud[41] sieht die Sage vom Schicksal des Ödipus als eine symbolische Darstellung frühkindlicher Wünsche und Befürchtungen an. Das Unwissen des Ödipus betrachtet Freud als eine dichterische Darstellung der Unbewußtheit, in die die Erlebnisse der Kinderjahre für den Erwachsenen versunken seien. Die Blendung, mit der sich Ödipus selbst bestraft, soll ein symbolischer Ersatz für die Kastration sein.

Es dürfte freilich sinnvoller sein, die Ödipus-Sage im Zusammenhang mit der Weltanschauung der alten Griechen zu interpretieren, anstatt ihr eine psychologische Deutung überzustülpen. Die Tragödie des Sophokles soll vor allem eines zeigen, daß es dem Menschen nicht möglich ist, dem von der Gottheit prophezeiten Schicksal zu entkommen, so sehr er dies auch versuchen mag. Der Held der Tragödie ist in einen „objektiven Schuldzusammenhang" verstrickt. Er muß dafür büßen, obwohl ihn keine individuelle moralische Schuld trifft. Der von Freud geprägte Begriff des Ödipus-Komplexes beruht also auf einer „eklatanten Umdeutung" des antiken Mythos.[42]

Durch seine „kreative" Deutung der Ödipus-Sage überhöhte Freud seine Kindheitserlebnisse (Liebe zur Mutter und Eifersucht gegenüber dem Vater) zu einem universellen Phänomen. Es ist allerdings recht seltsam, daß eine für alle Jungen typische Entwicklung von *einer* ganz spezifischen Bedingung, der Kastrationsdrohung nämlich, abhängen soll. Wenn kein Erwachsener einem Jungen gegenüber eine Kastrationsdrohung ausspricht und damit „das größte Problem der Frühzeit und die stärkste Quelle späterer Unzulänglichkeit" wegfällt, so müßte dies doch ganz deutliche positive Wirkungen haben. Freud sichert sich aber durch eine raffinierte Zusatzannahme gegen eine Widerlegung seiner Theorie ab: Wenn der Ödipus-Komplex, den er einem Patienten unterstellt, nicht auf Kindheitserlebnisse zurückgeführt werden kann, erklärt er ihn als Resultat eines phylogenetischen Erbes aus der Vorgeschichte der Menschheit. In der Schrift „Totem und Tabu"[43] entwickelte Freud die folgenden Überlegungen über die Ursprünge des Ödipus-Komplexes:

Die Brüder in der „Urhorde" sollen sich gegen den tyrannischen Vater verbündet und ihn ermordet haben. Diese Tat habe zur Entstehung des Über-Ichs und des Schuldgefühls geführt und zu dem Übergang von der Familie zum Zusammenleben in „Brüderbünden". Freud, der seiner Intention nach ein *Aufklärer* sein wollte, ist damit zum phantasievollen Schöpfer eines neuen *Mythos* geworden. Er sah in diesem Mythos eine der bedeutendsten wissenschaftlichen Leistungen der Psychoanalyse:

> Ich getraue mich zu sagen, wenn die Psychoanalyse sich keiner anderen Leistung rühmen könnte als der Aufdeckung des verdrängten Ödipus-Komplexes, dies allein würde ihr den Anspruch geben, unter die wertvollen Neuerwerbungen der Menschheit eingereiht zu werden.[44]

In neuerer Zeit wird von analytisch orientierten Autoren intensiv diskutiert, ob der Ödipus-Komplex universell ist oder nur in bestimmten Kulturen auftritt.[45] Meiner Ansicht nach greift diese Diskussion zu kurz. Es gibt keinen Grund zu der Annahme, *alle* Jungen in unserer heutigen Gesellschaft oder etwa in der Wiener Gesellschaft nach der Jahrhundertwende hätten in einem bestimmten Alter *die* Form der emotionalen Beziehungen zu ihren Eltern, die Freud als Ödipus-Komplex bezeichnet. Gerade der Fall des kleinen Hans spricht gegen diese Annahme (vgl. Kapitel 6). Alfred Adler betrachtete den Ödipus-Komplex als Charakterzug des verzärtelten Kindes, das von der Mutter nicht lassen will.[46] Diese Erklärung weist eher in die richtige Richtung; sie ist aber nicht ausreichend, da die Rolle des Vaters nicht berücksichtigt wird. Meiner Ansicht nach wird sich eine „ödipale" Konstellation zwischen dem Kind und seinen Eltern unter den folgenden Bedingungen mit hoher Wahrscheinlichkeit entwickeln: Die Mutter verhält sich dem Jungen gegenüber sehr fürsorglich und zärtlich, der Vater dagegen abweisend und streng. Wenn die Mutter sich beim Erscheinen des Vaters von dem Kind abwendet und ihm weniger Aufmerksamkeit schenkt, so sind Eifersuchtsreaktionen des Kindes nicht verwunderlich. Die Annahme, daß der sogenannte Ödipus-Komplex auf einer bestimmten Familienkonstellation beruhe, kann empirisch überprüft werden. Eine solche Erklärung wird freilich alle enttäuschen, die hinter kindlicher Eifersucht dunkle archaische Motive vermuten (wollen).

Zusammenfassung

Freud nahm an, daß die Ursprünge neurotischer Störungen stets in den ersten sechs Lebensjahren zu suchen sind. Diese Behauptung wird durch neuere Forschungsergebnisse der Entwicklungspsychologie sehr in Frage gestellt. Vor allem die Resultate von Längsschnittuntersuchungen widersprechen der weit verbreiteten Hypothese, die Erfahrungen der frühen Kindheit würden weitgehend die Persönlichkeit eines Menschen bestimmen.

In seiner Theorie der kindlichen Entwicklung postuliert Freud verschiedene Phasen der Libidoentwicklung: In der *oralen Phase* werde der Lustgewinn vor allem durch den Mund erreicht, in der *analen Phase* durch die Ausscheidungsfunktionen; in der *phallischen Phase* soll das Interesse für die Sexualorgane in den Vordergrund treten. Im Alter von etwa sechs Jahren beginnt nach Freud die *Latenzzeit,* in der sich die frühkindliche Sexualität zurückbilden soll; die Latenzzeit dauert bis zum Beginn der Pubertät. Freuds Phasentheorie der kindlichen Entwicklung konnte in wichtigen Punkten durch die direkte Beobachtung von Kindern nicht bestätigt werden. Insbesondere die Annahme einer biologisch bedingten Latenzperiode in der Sexualentwicklung erwies sich als falsch.

Es gibt einige Hinweise darauf, daß die Art der Ernährung im Säuglingsalter einen gewissen Einfluß auf die spätere Persönlichkeitsentwicklung des Kindes hat. Die allgemeine emotionale Einstellung der Mutter zu ihrem Kind ist für dessen psychische Entwicklung aber weitaus bedeutsamer als bestimmte Ernährungspraktiken. Untersuchungen zum sogenannten *analen Cha-*

rakter (Ordentlichkeit, Sparsamkeit und Eigensinn) ergaben, daß diese Charaktermerkmale offensichtlich nicht durch die Reinlichkeitserziehung erworben werden.

Die Behauptung, die psychische Entwicklung der Frau werde bedeutsam durch ihren *Penisneid* und durch Minderwertigkeitsgefühle wegen ihrer Penislosigkeit bestimmt, wurde kritisiert; gesellschaftliche Bedingungen, die sich auf die Persönlichkeit von Frauen auswirken, werden in diesem biologistischen Konzept völlig vernachlässigt. Auch Freuds Annahmen über die *Kastrationsangst* und den *Ödipus-Komplex* (Liebe des Jungen zu seiner Mutter und Haß gegenüber seinem Vater) wurden in Frage gestellt. Es handelt sich hier nicht um allgemein-menschliche Phänomene, die auf Vorgänge in der Urgeschichte der Menschheit zurückgehen, sondern um das Ergebnis bestimmter Erziehungsmaßnahmen und Interaktionsweisen in der Familie.

10. Die Freudsche Behandlungsmethode

In diesem Kapitel wird die von Freud praktizierte Behandlungsmethode dargestellt. Dabei werden die folgenden Punkte behandelt: 1. Die Entwicklung der Behandlungstechnik von der Hypnose zur freien Assoziation; 2. Das Konzept des Widerstandes; 3. Das Konzept der Übertragung; 4. Die Beziehung zwischen Analytiker und Patient; 5. Die Ziele und Erfolgsaussichten der Freudschen Analyse.

Von der Hypnose zur freien Assoziation

Freud lernte 1885 bei dem berühmten französischen Arzt Jean-Martin Charcot die Wirkungen von *Hypnose und Suggestion* bei „hysterischen" Patienten kennen. Charcot zeigte, wie man durch hypnotische Suggestionen bei Patienten *hysterische Symptome* (z. B. die Lähmung bestimmter Körperteile) hervorrufen und zum Verschwinden bringen konnte[1]. Freud meint später, erst mit seiner Verwerfung der hypnotischen Technik und der Einführung der freien Assoziation habe die eigentliche Geschichte der Psychoanalyse begonnen[2]. Henry F. Ellenberger weist darauf hin, daß die Psychoanalyse mit den damals üblichen Behandlungsmethoden viele Ähnlichkeiten aufwies:

> Freud war nicht der erste Therapeut, der beträchtliche Zeit mit seinen Patienten zubrachte, ihnen erlaubte, in einer Atmosphäre des Wohlwollens zu sprechen, all ihren Klagen zuhörte, ihre ganze Lebensgeschichte registrierte und die emotionellen Ursachen der Krankheit mit in Betracht zog. Dies alles hatten Janet, Bleuler und viele andere vor ihnen getan, und es war nur ein Vorspiel für die Anwendung einer besonderen Methode. Aber man kann die Psychoanalyse in erster Linie als eine Abwandlung der vorher vorhandenen Techniken der Hypnose verstehen.[3]

Bei der Hypnose lernte der Patient zunächst, wie er in den hypnotischen Trancezustand fallen konnte. Häufig zeigte der Patient in dieser Phase der Therapie mehr oder weniger Widerstände gegen die Anweisungen des Hypnotiseurs. Im hypnotisierten Zustand konnte der Patient in frühere Lebensphasen versetzt werden und es war möglich, vergessene Erinnerungen wieder aufzudecken. Im Verlauf der Behandlung entstand häufig ein „eigenartiger Rapport" zwischen dem Patienten und dem Hypnotiseur. Das erotische Element in dieser Beziehung und die Möglichkeit einer kindlichen Abhängigkeit des Patienten machten die Beendigung der Behandlung allerdings oft zu einer schwierigen Angelegenheit.

Freud ersetzte die Hypnose bald durch eine andere suggestive Methode: Wenn sich ein Patient nicht an die Ursachen seiner Symptome erinnern konnte, kündigte Freud ihm an, er werde *mit der Hand auf seine Stirn drücken;* die dann auftauchenden Gedanken oder Vorstellungsbilder würden unfehlbar zu den gesuchten Erinnerungen führen.[4]

Später verzichtete Freud auf jede körperliche Berührung des Patienten. Zum Beginn der Behandlung teilt er dem Patienten die *analytische Grundregel* mit, die er folgendermaßen formuliert:

Noch eines, ehe Sie beginnen. Ihre Erzählung soll sich doch in einem Punkte von einer gewöhnlichen Konversation unterscheiden. Während Sie sonst mit Recht versuchen, in Ihrer Darstellung den Faden des Zusammenhanges festzuhalten und alle störenden Einfälle und Nebengedanken abweisen, um nicht, wie man sagt, aus dem Hundertsten ins Tausendste zu kommen, sollen Sie hier anders vorgehen. Sie werden beobachten, daß Ihnen während Ihrer Erzählung verschiedene Gedanken kommen, welche Sie mit gewissen kritischen Einwendungen zurückweisen möchten. Sie werden versucht sein, sich zu sagen: Dies oder jenes gehört nicht hierher, oder es ist ganz unwichtig, oder es ist unsinnig, man braucht es darum nicht zu sagen. Geben Sie dieser Kritik niemals nach und sagen Sie es trotzdem, ja gerade darum, weil Sie eine Abneigung dagegen verspüren. Den Grund für diese Vorschrift – eigentlich die einzige, die Sie befolgen sollen – werden Sie später erfahren und einsehen lernen. Sagen Sie also alles, was Ihnen durch den Sinn geht (...).

Endlich vergessen Sie nie, daß Sie volle Aufrichtigkeit versprochen haben, und gehen Sie nie über etwas hinweg, weil Ihnen dessen Mitteilung aus irgendeinem Grunde unangenehm ist.[5]

Der hautsächliche Zweck dieser Grundregel besteht darin, die bewußten Absichten und Ziele des Patienten auszuschalten. Verdrängtes Material kann leichter ins Bewußtsein kommen, wenn der Patient seinen *freien Assoziationen* folgt und alles äußert, was ihm einfällt. Nicht ganz so bedeutsam wie die Grundregel ist die *Abstinenzregel*. Sie lautet: *„Die analytische Kur soll, soweit es möglich ist, in der Entbehrung – Abstinenz – durchgeführt werden.“*[6] Der Analytiker soll dem Patienten Ersatzbefriedigungen verbieten, da eine Linderung des Leidensdrucks das Interesse an der Behandlung vermindern könnte. Wichtige Entscheidungen soll der Patient vorher mit seinem Analytiker durchsprechen. Aus den Ausführungen Freuds zu diesem Thema geht nicht eindeutig hervor, welche Verhaltensweisen in einem konkreten Fall als Ersatzbefriedigung angesehen werden und wieweit die Eingriffe des Analytikers in das Privatleben des Patienten gehen.

Über die äußeren Bedingungen der analytischen Situation schreibt Freud:

Ich halte an dem Rate fest, den Kranken auf einem Ruhebett lagern zu lassen, während man hinter ihm, von ihm ungesehen, Platz nimmt. Diese Veranstaltung hat einen historischen Sinn, sie ist der Rest der hypnotischen Behandlung, aus welcher sich die Psychoanalyse entwickelt hat. Sie verdient aber aus mehrfachen Gründen festgehalten zu werden. Zunächst wegen eines persönlichen Motivs, das aber andere mit mir teilen mögen. Ich vertrage es nicht, acht Stunden täglich (oder länger) von anderen angestarrt zu werden. Da ich mich während des Zuhörens selbst dem Ablauf meiner unbewußten Gedanken überlasse, will ich nicht, daß meine Mienen dem Patienten Stoff zu Deutungen geben oder ihn in seinen Mitteilungen beeinflussen.[7]

Freud arbeitete normalerweise sechsmal in der Woche mit seinen Patienten. Nur für leichte Fälle oder die Fortsetzung von weit gediehenen Behandlungen hielt er drei Stunden wöchentlich für ausreichend.

Vor dem Beginn der Behandlung weist er seine Patienten darauf hin, daß eine Psychoanalyse längere Zeiträume benötigt, um erfolgreich zu sein.[8]

Schließlich empfiehlt eine sorgfältige Auslese der Patienten, um therapeutische Mißerfolge zu vermeiden:

> Man übersehe nicht über der Krankheit den sonstigen Wert einer Person und weise Kranke zurück, welche nicht einen gewissen Bildungsgrad und einen einigermaßen verläßlichen Charakter besitzen.[9]

Ein anderes Auslesekriterium ergibt sich aus der finanziellen Situation der Patienten: Nur wohlhabende Personen konnten sich eine zeitlich und finanziell so aufwendige Behandlung wie die Psychoanalyse leisten.

Das Konzept des Widerstandes

Ein Verstoß gegen die vom Analytiker gesetzten Regeln wird als *Widerstand* bezeichnet. Freud[10] betrachtet den Widerstand als eines der wichtigsten Phänomene in der psychoanalytischen Therapie. Nach der psychoanalytischen Theorie hilft er dem Ich, sich vor verdrängten Impulsen aus dem Es zu schützen, deren Bewußtwerden Angst auslösen würde. Durch den Widerstand wird auch der *sekundäre Krankheitsgewinn,* den der Patient aus seiner Neurose zieht, geschützt. Bei Personen mit einem besonders starken Über-Ich soll sich der Widerstand auch deswegen einer Heilung entgegenstellen, weil ein unbewußtes Schuldgefühl eine Tendenz zur Selbstbestrafung hervorrufe.

Die Deutungen und Konstruktionen des Analytikers sollen den Patienten auf seine Widerstände aufmerksam machen; weiterhin sollen sie ihm helfen, Einsicht in die mutmaßlichen frühkindlichen Ursachen seiner Störung zu gewinnen. Wenn der Analytiker versucht, dem Patienten die verborgene Bedeutung seiner Äußerungen und Handlungen verständlich zu machen, wird dies als *Deutung* oder *Interpretation* bezeichnet. Außerdem hat der Analytiker die Aufgabe, Lücken in den Erinnerungen des Patienten durch *Konstruktionen* aufzufüllen (s. a. Kapitel 4). Freud[11] hält es für besonders wichtig, daß der Therapeut dem

Patienten seine Konstruktionen nicht zu frühzeitig mitteilt; ansonsten sei ein heftiger Ausbruch von Widerstand zu erwarten.

Das Phänomen des Widerstandes gegen neue Einsichten und gegen die Veränderung fest eingeschliffener Denk- und Handlungsweisen tritt in allen Formen der Psychotherapie auf[12]. Ich halte es aber für wichtig, möglichst klar zwischen dem tatsächlichen Widerstand gegen das Akzeptieren unangenehmer Einsichten und dem *berechtigten* Widerspruch gegen falsche Interpretationen und Konstruktionen zu unterscheiden[13]. Wie in den vorhergehenden Kapiteln gezeigt wurde, handelt es sich bei einem Teil der angeblichen Widerstände gegen psychoanalytische Deutungen um die berechtigte Zurückweisung von fragwürdigen Spekulationen und Unterstellungen. Nun klagt Freud in seinem Aufsatz „Die endliche und die unendliche Analyse“:

> Zu keiner Zeit der analytischen Arbeit leidet man mehr unter dem bedrückenden Gefühl erfolglos wiederholter Anstrengung, unter dem Verdacht, daß man „Fischpredigten“ abhält, als wenn man Frauen bewegen will, ihren Peniswunsch als undurchsetzbar aufzugeben, und wenn man die Männer überzeugen möchte, daß eine passive Einstellung zum Mann nicht immer die Bedeutung einer Kastration hat und in vielen Lebensbeziehungen unerläßlich ist.[14]

Ich finde es sehr beruhigend, daß auch Personen mit neurotischen Störungen nicht bereit sind, sich jede beliebige Theorie einreden zu lassen. Offenbar leisteten Freuds Patienten einen heftigen Widerstand gegen die Akzeptierung dieser sonderbaren Interpretationen.

Das Konzept der Übertragung

Neben dem Widerstand ist die *Übertragung* ein zentrales Konzept der psychoanalytischen Therapie. Freud beschreibt die Übertragung wie folgt:

Das Merkwürdige ist, daß der Patient nicht dabei bleibt, den Analytiker im Lichte der Realität zu betrachten als den Helfer und Berater, den man überdies für seine Mühewaltung entlohnt und der sich selbst gern mit der Rolle etwa eines Bergführers auf einer schwierigen Gebirgstour begnügen würde, sondern daß er in ihm eine Wiederkehr – Reinkarnation – einer wichtigen Person aus seiner Kindheit, Vergangenheit erblickt und darum Gefühle und Reaktionen auf ihn überträgt, die sicherlich diesem Vorbild gegolten haben. Diese Tatsache der Übertragung erweist sich bald als ein Moment von ungeahnter Bedeutung, einerseits ein Hilfsmittel von unersetzlichem Wert, andererseits eine Quelle ernsthafter Gefahren. Diese Übertragung ist *ambivalent,* sie umfaßt positive, zärtliche, wie negative, feindselige Einstellungen gegen den Analytiker, der in der Regel an die Stelle eines Elternteils, des Vaters oder der Mutter, gesetzt wird.[15]

Wiederum bezeichnet Freud ein theoretisches Konzept, die Übertragung, als Tatsache. Diese Begriffsverwirrung ist nicht nur ein theoretischer Fehler; sie kann auch schwerwiegende praktische Folgen haben. Ich möchte dies an einem Beispiel erläutern: Ein Patient übt sarkastische Kritik an den Deutungen seines Analytikers; er äußert sich mehrfach feindselig und abwertend über seinen Therapeuten. Wenn ein Analytiker die Übertragung als *Tatsache* betrachtet, so steht von vornherein fest: Die Gefühle des Patienten gelten eigentlich nicht ihm, sondern einer Person aus der Vergangenheit des Patienten. Wenn man Übertragung dagegen als ein *theoretisches Konzept* versteht, wird deutlich, daß es *auch andere* Erklärungsmöglichkeiten für das Verhalten des Patienten gibt. Es könnte z. B. sein, daß er wütend ist, weil ihm die Interpretationen seines Verhaltens willkürlich und aufgesetzt vorkommen. In diesem Fall würde eine Übertragungsdeutung den Patienten von seinem unmittelbaren Erleben entfremden; sie würde die überlegene Position des dominanten Therapeuten stärken und den Patienten in die Position des unmündigen Kindes drängen. Sachliche Kritik an der Übertragungsdeutung könnte leicht als Rationalisierung, unsachliche Kritik als kindliche Trotzreaktion gedeutet werden.

Ich halte es für sehr wichtig, daß Konzept der Übertragung als Hypothese zur Erklärung bestimmter Phänomene und nicht als Tatsache zu behandeln. Ich zweifle nicht daran, daß die Übertragungshypothese in vielen Fällen zutreffend und therapeutisch sinnvoll ist. In anderen Fällen scheinen Übertragungsdeutungen aber eher ungünstige Wirkungen hervorzurufen, wie Dörte v. Drigalskis Bericht über ihre Lehranalyse zeigt[16] (vgl. Kapitel 11).

Nun gibt es auch Analytiker, die mit der Freudschen Definition nicht übereinstimmen: Der Psychoanalytiker René Spitz[17] betrachtet im Gegensatz zu Freud die Übertragung nicht als ein merkwürdiges Geschehen, sondern er hält sie für ein *Produkt* der analytischen Behandlungssituation. Der Patient liegt auf der Couch *wie ein Säugling* in seinem Bett; er wird von einem sitzenden Erwachsenen beobachtet, den er aber selbst nicht sehen kann. Diese Situation werde zu einem Auslöser für die Entstehung einer Übertragungsbeziehung. Auch der Analytiker Manfred Pohlen[18] weist darauf hin, daß Übertragungsbeziehungen durch die analytische Situation erzeugt und gefördert würden. Der Patient werde durch die übliche psychoanalytische Deutungstechnik leicht in eine Position infantiler Unmüdigkeit gedrängt. Dies geschieht dann, wenn der Analytiker eine Haltung „neutraler Objektivität" einnimmt und alle Äußerungen des Patienten im Hinblick auf Übertragung und Widerstand deutet.

Dem Begriff der Übertragung auf der Seite des Patienten entspricht das Konzept der *Gegenübertragung* des Analytikers. Als Gegenübertragung werden die emotionalen Reaktionen bezeichnet, die der Analytiker dem Patienten gegenüber entwickelt. Alfred Lorenzer unterscheidet zwischen störenden und förderlichen Aspekten der Gegenübertragung:

Es gibt das Attachement des Analytikers an den Analysanden, indem der Analytiker sich emotional auf die Bedürfnisse des Patienten einstellt gemäß der (infantilen) Anforderung des Patienten. Das ist eine Reaktionsweise, die frei von verfälschenden Behinderungen aus eigenen unbewußten Strebungen dem Analytiker erlaubt – der Feststellung Freuds entsprechend – mit seinem Unbewußten auf das Unbewußte des Patienten zu antworten. Diese Einstellung vertieft das Verständnis für den Patienten, während ihr Gegenteil, die störenden infantilen Impulse des Analytikers selbst, das Verständnis blockieren, weil sie den Patienten zum Projektionsschirm der innerpsychischen Vorgänge des Analytikers machen – derart die Anordnung der Analyse umkehrend.[19]

Der Analytiker soll ständig seine Einstellungen und Gefühle zu dem Patienten kontrollieren, um nicht der Gefahr einer störenden Gegenübertragung zu unterliegen. Zur Handhabung von Übertragung und Gegenübertragung wird eine *Lehranalyse* des Therapeuten für notwendig gehalten, damit er die Übertragung aus dem eigenen Erleben kennt. Meiner Ansicht nach ist auch der Begriff der Gegenübertragung recht problematisch. Wenn sich der Analytiker flexibel auf die jeweiligen Bedürfnisse des Patienten einstellt, dann erscheint es mir irreführend, von einer förderlichen Gegenübertragung zu sprechen. Überträgt der Analytiker in diesem Fall nur Gefühle und Verhaltensweisen aus vergangenen Beziehungen auf den Patienten? Oder reagiert er angemessen auf die Anforderungen der gegenwärtigen Situation?

Die Beziehung zwischen Therapeut und Patient

Freud[20] sah es als erstes Ziel der Behandlung an, den Patienten „an die Kur und an die Person des Arztes zu attachieren". Um dieses Ziel zu erreichen, sei es nötig, dem Patienten ernstes Interesse zu bezeugen und den Standpunkt der Einfühlung einzunehmen. Andererseits befürwortete Freud eine therapeutische Haltung, die eher kühl und distanziert erscheint:

Ich kann den Kollegen nicht dringend genug empfehlen, sich während der psychoanalytischen Behandlung den Chirurgen zum Vorbild zu nehmen, der alle seine Affekte und selbst sein menschliches Mitleid beiseite drängt und seinen geistigen Kräften ein einziges Ziel setzt: Die Operation so kunstgerecht als möglich zu vollziehen.[21]

Das bedeutet zum Beispiel: Der Therapeut soll dem Patienten keinerlei vertrauliche Mitteilungen aus seinem Leben machen. Freud fordert: „Der Arzt soll undurchsichtig für den Analysierten sein und wie eine Spiegelplatte nichts anderes zeigen, als was ihm gezeigt wird."[22] Diese von Freud empfohlene Technik sieht Passivität, Neutralität, Objektivität und persönliche Abstinenz des Analytikers als erstrebenswert an. Wie der Psychoanalytiker Johannes Cremerius[23] betont, wurde die zurückhaltende, an der Metapher vom Spiegel oder Chirurgen orientierte therapeutische Technik zeitweise zur psychoanalytischen Standardmethode. Nach Cremerius entspricht dieses Vorgehen aber nicht den Anforderungen einer Therapiesituation:

> Sie entstammt, nach meiner Auffassung, der Idealwelt naturwissenschaftlicher Forschung mit einer nachprüfbaren Versuchsanordnung, einer konstanten Beobachtungssituation, in der der Patient unter stets gleichen Bedingungen frei assoziiert und der Analytiker zurückspiegelt. Der Analytiker will hier ein neutraler Beobachter außerhalb des Feldes sein, der alles tut, damit die Vorgänge im Feld von ihm nicht gestört werden. Dazu bedient er sich der „gleichschwebenden Aufmerksamkeit", strebt völlige Anonymität an und versucht, die Gegenübertragung auszuschalten. Zu dieser Versuchsanordnung gehört auch die Festlegung des Rahmens, des Settings, als conditio sine qua non.[24]

Manche Analytiker übersteigerten Freuds Forderung nach einer undurchsichtigen Haltung des Analytikers zu grotesken Extremen: So betrachten es einige Psychoanalytiker anscheinend als unangemessen, einem Analysanden kurz vor einem großen chirurgischen Eingriff alles Gute zu wünschen oder ihm auf die Frage, ob er auch Weihnachten Patienten sehe, eine direkte Antwort zu geben.[25] Aus verstreuten Bemerkungen von Freud und aus Berichten seiner Analysanden geht hervor, daß Freud selbst sich nicht so zwanghaft an eine bestimmte Technik klammerte. Cremerius schreibt über Freuds praktisches Vorgehen in der Therapie:

> Diese Technik umfaßt, über das in den technischen Schriften Festgelegte hinausgehend, folgende Maßnahmen: Manipulation, Provokation, symbolische Wunscherfüllung, symbolische Reparationsleistung, die Zuhilfenahme nichtanalytischer Mittel wie der Suggestion, der Erziehung, der Ratschläge und Tröstungen, des Einsatzes der Persönlichkeit des Analytikers (das ist die Aufhe-

bung der Anonymitätsregel) wie des Einsatzes subjektiver Wertvorstellungen (das ist die Aufhebung der Neutralitätsregel). Schließlich gehört in diesen Katalog noch ein Aspekt der Theorie der Technik: die Umkehrung des Heilungsvorganges. Anstatt den Weg zur Veränderung über Deutung, Einsicht, Durcharbeiten zu wählen, wie die Regel es vorschreibt, beginnt der Weg mit der Veränderung, in der Hoffnung, daß erst sie die Voraussetzungen für Deutung und Einsicht schafft.[26]

Am Beispiel der Behandlung des Wolfsmanns (vgl. Kapitel 8) habe ich die Ansicht vertreten, daß therapeutische Wirkungen der Psychoanalyse nicht in erster Linie auf die expliziten Deutungen und Konstruktionen des Analytikers zurückzuführen sind. Eine vertrauensvolle therapeutische Beziehung und die von Cremerius aufgeführten nichtanalytischen Techniken scheinen eine größere Rolle für den Therapieerfolg zu spielen. Es gibt schließlich einige Hinweise dafür, daß die angeblich neutrale, unbeteiligte Spiegelhaltung des Analytikers eher negative Effekte hervorruft.

Ziele und Erfolgsaussichten der Freudschen Analyse

Im Verlauf einer psychoanalytischen Behandlung soll der Patient seine Widerstände erkennen und überwinden, so daß ihm verdrängte Impulse und Erinnerungen wieder bewußt verfügbar werden. Das Bewußtmachen und Durcharbeiten des verdrängten Materials führt nach der Ansicht von Psychoanalytikern zu einer stärkeren Integration der Persönlichkeit. Auch durch die Analyse der Übertragung sollen infantile Interaktionsmuster aufgedeckt werden, die das gegenwärtige Verhalten bestimmen. Was verbindet nun Freud mit dem „Erfolg“ einer Psychoanalyse? Einige Zitate dazu:

Die Analyse ist beendigt, wenn Analytiker und Patient sich nicht mehr zur analytischen Arbeitsstunde treffen. Sie werden so tun, wenn zwei Bedingungen ungefähr erfüllt sind, die erste, daß der Patient nicht mehr an seinen Symptomen leidet und seine Ängste wie seine Hemmungen überwunden hat, die zweite, daß der

Analytiker urteilt, es sei beim Kranken soviel Verdrängtes bewußt gemacht, soviel Unverständliches aufgeklärt, soviel innerer Widerstand besiegt worden, daß man die Wiederholung der betreffenden pathologischen Vorgänge nicht zu befürchten braucht.[27]

In einer früheren Arbeit schreibt Freud weiter über die Ziele der psychoanalytischen Behandlung:

... so wird man sich auch nie etwas anderes zum Ziel der Behandlung setzen, als die praktische Genesung des Kranken, die Herstellung seiner *Leistungs-* und *Genußfähigkeit.* Bei unvollständiger Kur oder unvollkommenem Erfolg derselben erreicht man vor allem eine bedeutende Hebung des psychischen Allgemeinzustandes, während die Symptome aber, mit geminderter Bedeutung für den Kranken, fortbestehen können, ohne ihn zu einem Kranken zu stempeln.[28]

Freud warnt in seinem Vortrag „Wege der psychoanalytischen Therapie“[29] davor, dem Patienten das Weltbild und die Ideale des Analytikers aufzudrängen. Nur bei sehr infantil gebliebenen Patienten sei es nötig, die analytische Situation zu einer Art von Nacherziehung zu nutzen. Ganz kurz hat Freud das Ziel der psychoanalytischen Arbeit auf die Formel gebracht: *„Wo Es war, soll Ich werden.“*[30]

In dem Aufsatz „Die endliche und die unendliche Analyse“ äußert sich Freud sehr vorsichtig über die Erfolgsaussichten der psychoanalytischen Therapie. Nur im Falle einer *neurotischen* Störung, die vorwiegend auf traumatische Ereignisse in der Vergangenheit zurückzuführen sei, könne mit einem dauerhaften Erfolg der Analyse gerechnet werden. Und er fügt hinzu:

Wenn der so hergestellte Patient niemals wieder eine Störung produziert, die ihn der Analyse bedürftig macht, so weiß man freilich nicht, wieviel von dieser Immunität der Gunst des Schicksals zu danken ist, die ihm zu starke Belastungsproben erspart haben mag.[31]

Eine übermäßige Triebstärke und eine „ungünstige Veränderung des Ichs, im Sinne einer Verrenkung und Einschränkung" beeinträchtigten dagegen die Wirkung der Analyse und könnten sie ins Unabschließbare verlängern. Als Beleg für seine skeptische Haltung beschreibt Freud verschiedene Fälle, bei denen es nach einer anscheinend erfolgreichen Analyse später zu schweren Rückfällen kam; er erwähnt hier auch den Fall des Wolfsmanns. Freud weist die Annahme zurück, daß man durch eine gründliche Analyse den Patienten gegen alle zukünftigen Störungen schützen könnte. Alle Bemühungen, die Dauer der Analyse zu verkürzen, hält er darüberhinaus für wenig aussichtsreich.

Die eigentlich außerordentlich skeptische Einschätzung psychoanalytischer Therapieerfolge durch Freud steht in einem starken Kontrast zu Behauptungen anderer Analytiker, nach denen nur die Psychoanalyse zu wirklich dauerhaften, tiefgreifenden Persönlichkeitsänderungen führen würde; alle anderen Therapieformen hätten dagegen höchstens kurzfristige und oberflächliche Wirkungen. Wie ich im folgenden Exkurs (Kapitel 11) über die Effekte der psychoanalytischen Behandlung zeigen möchte, stimmt Freuds vorsichtige und bescheidene Einschätzung analytischer Therapieerfolge weit besser mit den Ergebnissen empirischer Untersuchungen überein als eher propagandistisch zu wertende Behauptungen über die unübertrefflichen Wirkungen dieser Therapiemethode.

Zusammenfassung

Sigmund Freud arbeitete zunächst mit Techniken der Hypnose, um Zugang zu unbewußtem Material seiner Patienten zu bekommen. Später ersetzte er die Hypnose durch die Methode der *freien Assoziation;* dabei wird der Patient aufgefordert, alle Gedanken zu äußern, die ihm in den Sinn kommen. Durch *Deutungen* und *Konstruktionen* versucht der Analytiker, verborgene Motive und Zusammenhänge aufzudecken, die dem Bewußtsein des Patienten bisher nicht zugänglich waren.

Verstöße gegen die Regeln der analytischen Situation und die Ablehnung von Interpretationen, die der Analytiker für richtig hält, werden als *Widerstand* bezeichnet. Es besteht die Gefahr, daß auch ein berechtigter Widerspruch gegen falsche Deutungen als Widerstand bezeichnet wird.

Freud nimmt an, daß Patienten starke positive und/oder negative Gefühle, die ursprünglich ihren Eltern galten, auf den Analytiker übertragen. Freud betrachtet die *Übertragung* als eine Tatsache, obwohl es sich um ein theoretisches Konzept zur Erklärung bestimmter Phänomene handelt. Die theoretischen und praktischen Folgen dieser Begriffsverwirrung werden diskutiert.

Als wichtige Voraussetzungen für eine erfolgreiche psychoanalytische Behandlung betrachtet Freud ein ernstes Interesse des Analytikers am Patienten und eine einfühlsame Haltung. Andererseits vergleicht er den Analytiker mit einem Chirurgen und mit einer undurchsichtigen Spiegelplatte, was eine kühle und distanzierte Einstellung nahelegt. Diese Forderung hatte einen starken Einfluß auf die Entwicklung der psychoanalytischen Technik.

Als Ziele der analytischen Behandlung nennt Freud das Verschwinden oder die Verminderung der Symptome des Patienten, die Überwindung von Ängsten und Hemmungen und die Wiederherstellung von Leistungs- und Genußfähigkeit. Diese Ziele sollen durch die Überwindung innerer Widerstände und das Bewußtmachen von verdrängtem Material erreicht werden. Freud beurteilt in seinen späten Schriften die Erfolgsaussichten der Psychoanalyse überaus skeptisch. Er nimmt an, daß eine analytische Behandlung nur bei einem Teil der Patienten mit neurotischen Störungen dauerhafte Erfolge erzielen kann.

11. Neuere Berichte und Untersuchungen über die Wirkungen der psychoanalytischen Therapie

Während ich mich bisher darauf beschränkt habe, Freuds therapeutisches Vorgehen darzustellen, möchte ich in diesem Exkurs neuere Berichte und Untersuchungsergebnisse zur Wirksamkeit der psychoanalytischen Therapie referieren. Es gibt verschiedene Möglichkeiten, um die Effekte der Psychoanalyse einzuschätzen:

1. Man kann sich auf *ausführlich beschriebene Einzelfälle* stützen, die einen guten Einblick in die Arbeitsweise des Analytikers und das subjektive Erleben des Analysanden geben können. Allerdings können aus solchen Einzelfällen keine allgemeinen Aussagen über die Wirksamkeit einer Therapieform abgeleitet werden.

2. Da aus Einzelfällen keine allgemein gültigen Schlußfolgerungen über die Wirksamkeit der Psychoanalyse abgeleitet werden können, kann man auch *statistische Untersuchungen* zur Effektivität dieser Therapieform referieren. Natürlich sind Statistiken nur so gut wie die zugrundeliegenden Ausgangsdaten. Eine kritische Einstellung gegenüber empirischen Untersuchungen, die statistische Methoden verwenden, ist sicher sehr angemessen. Es erscheint mir aber unredlich, wenn man solche Arbeiten ablehnt, sofern sie die eigenen Überzeugungen oder Vorurteile nicht bestätigen und sie nur zitiert, wenn sie den eigenen Standpunkt unterstützen. Die Ergebnisse vergleichender Untersuchungen legen die Schlußfolgerung nahe, daß allgemeine therapeutische Faktoren wichtiger sind als die spezifischen Methoden einzelner Therapierichtungen.

Einzelfälle: Berichte von Analysanden

Die Berichte von Tilman Moser[1] und Dörte v. Drigalski[2] über ihre Lehranalyse zeigen, wie unterschiedlich psychoanalytische Behandlungen verlaufen können. Während Moser eine „Lehrjahre auf der Couch“ als psychische Lebensrettung erlebte, zieht Dörte v. Drigalski das Fazit, die Analyse habe ihr eindeutig geschadet. In diesem Abschnitt versuche ich, die unterschiedlichen Erfahrungen der beiden Analysanden anhand von Zitaten zu verdeutlichen und die Bedingungen zu diskutieren, die für den verschiedenartigen Verlauf der beiden Lehranalysen verantwortlich sein könnten.

Tilmann Mosers „Lehrjahre auf der Couch“

Moser stellt in dem Bericht über seine Lehranalyse die Frage in den Vordergrund[3] „Wie funktioniert eine Psychoanalyse?“ Daher schildert er besonders ausführlich seine Beziehung zum Analytiker. Die Dankbarkeit gegenüber seinem Analytiker bezeichnet Moser als eines der Hauptmotive für sein Schreiben:

Mit der Dankbarkeit hat es in diesem Fall eine eigene Bewandtnis: es handelt sich bei dieser Analyse um eine seelische Lebensrettung. Ob ich irgendwann Selbstmord begangen hätte, ist natürlich nicht sicher; aber ich bin, während und nach dem zweiten Analyseversuch, oft an eine bestimmte Stelle der Bahngeleise gegangen oder nachts zu einer hohen Flußbrücke, die bekannt war als Ausgangspunkt für geräuschlose Suizide. Doch auch wenn ich es nicht getan hätte, es war ein ziemlich unerträgliches Leben, das ich unter dem Etikett „depressiv-narzißtische Charakterneurose“ führte. Der erste Analyseversuch ist übrigens nicht gescheitert, sondern ich mußte abbrechen, weil ich aus äußeren Gründen in eine andere Stadt zog, mit der Absicht freilich, die Analyse dort fortzusetzen. Die beiden anderen Versuche sind regelrecht mißlungen; denn einen habe ich selbst abgebrochen, der andere ist vom Analytiker abgebrochen worden. Ich fühlte mich danach wie zweifach vorbestraft und neben meiner Quasilebensunfähigkeit, die allerdings ziemlich gut getarnt war, zusätzlich von dem Gefühl bedroht, ich sei zu meiner eigenen Heilung unfähig.[4]

Moser sah eine Psychoanalyse als seine *einzige mögliche* Rettung an. Er war daher außerordentlich dankbar, daß er trotz der beiden gescheiterten Analyseversuche von einem dritten Analytiker zur Behandlung angenommen wurde:

Er hatte keinen Analyseplatz frei, so daß ich ein Jahr warten mußte, das durch eine einstündige Therapie überbrückt wurde. Die Adoption war kein rational faßbares Erlebnis, sie erschien mir als eine Erlösung und bildete den Grundstein zu einer Beziehung, zu der mir nach einigen Jahren Analyse der Ausdruck „unverbrüchlich" einfiel. *Er* ist bis heute, nach der naturgegebenen Unentbehrlichkeit der Eltern, der einzige Mensch, der für mein seelisches Leben unentbehrlich geworden ist. Das bedeutet nicht, daß ich ihn immer brauchen werde; im Gegenteil, das Ende der Analyse naht. Doch es kennzeichnet den Grad meiner Abhängigkeit von ihm, das Ausmaß der Hilfsfunktionen, die er für mich erfüllt hat.[5]

In der siebenhundert Stunden dauernden Analyse beschäftigt sich Moser mit der Beziehung zum Analytiker, mit seiner Kindheit und mit aktuellen Erlebnissen und Fantasien. Besonders wichtig für den positiven Verlauf der Analyse war anscheinend die wohlwollend-akzeptierende Grundhaltung des Analytikers. Diese Einstellung half Moser, starke Schamgefühle und Selbstzweifel zu überwinden:

Mein Leben war eingehüllt in Scham. Wenn man im Glauben an die Sünde erzogen wird, muß man sich über das meiste schämen, was in einem vorgeht: Leibliches, die Triebe, die Gedanken, die Wünsche; das meiste war verpönt, vielleicht habe ich es etwas übertrieben, jedenfalls, freundlich hat der liebe Gott, die gigantische Erziehungsmaschine über den Wolken, die kräftig bemüht wurde und die alles sah, nie auf mich geschaut, er war eigentlich immer besorgt, ob ich noch auf dem rechten Weg wandelte. Dreißig Jahre lang habe ich mich geschämt über mich, und dann fand ich einen, der die Scham milderte, in manchem hinfällig machte.[6]

Um eine weitere Episode zu verstehen, ist es wichtig zu wissen, daß der Autor sich mit Ödipus identifiziert; er bezeichnet daher seinen Vater als Laios und seine Mutter als Jokaste. Es handelt sich hier um eine ‚freie' Anleihe bei der Freudschen Mythologie (der Ödipus der griechischen Tragödie lernte seine Eltern ja als Kind nie kennen, das sie ihn kurz nach der Geburt im Gebirge aussetzen ließen). Die folgende Passage zeigt, wie eine Aussage des Analytikers auf Moser wirkt und ihm hilft, negative Einstellungen zu sich selbst in Frage zu stellen:

Es war zuletzt klar für mich in dieser Analyse, daß auch bei ihm eine verläßliche Sympathie für mich entstanden war. Er drückte es eines Tages so aus: „Ich glaube, daß ich an allem, was Sie je tun werden, meine Freude haben werde.“ Dieser Satz hat sich mir aus einem besonderen Grund tief eingeprägt: Es gehörte zu Jokastes Charakter ein tiefsitzender Zweifel an sich selbst, der sich ausweitete auf die, die von ihr stammten. Der Zweifel war getränkt von einer aggressiven Moral, die es für immer schwer macht, den geheimen und erdrückenden Maßstäben zu genügen. Das Gift ständiger Selbstentwertung lag, neben ebenso heimlichem Stolz auf ein im Dunkeln bleibendes, aber auf verschlungenen Wegen mit Kultur verbundenes Ideal, das zugleich moralisch erhöht war, über der Familie. Einmal sagte sie: „Ich bin zutiefst überzeugt, daß keiner von euch so tüchtig werden wird wie mein Vater.“ Es klang wie ein Programm. Gegen diesen Fluch des Ungenügens an sich selbst und der Herabsetzung der eigenen Person hatte ich meinen Lindwurm des heimlichen Größenwahns genährt, ein Gegengift, das leicht in Tagträume und Angst vor der Wirklichkeit führt und süchtig macht nach immer mehr heimlichen Phantasien über sich selbst, die man mit niemandem teilen kann. Gegen beide Gifte stand nun *sein* bedächtiger Satz über die Freude an mir, es lag ein Akzeptieren darin, das von allem Gift der Selbstverneinung erlöste. Jokaste hatte mir, als ich Medizin studieren wollte, die Fähigkeit dazu abgesprochen: sie wollte mir niemals Menschen anvertraut wissen. Daß mir der Analytiker eines Tages Patienten anvertraute, die er untersucht hatte und nicht annehmen konnte, war wie ein Unterlaufen und Ungültigmachen eines Urteilsspruches, den ich auf mich genommen hatte, ohne ihn überprüfen zu können.[7]

Am Ende seiner Analyse schätzt Moser die Wirkungen folgendermaßen ein:

Man steht für einige Jahre, freilich nur für eng umgrenzte Stunden, an deren Rahmen man immer wieder gewaltsam oder schmeichelnd und klagend rütteln möchte, im Mittelpunkt einer ungeteilten Aufmerksamkeit, und Kümmernisse und Verstimmungen, auf die die Umwelt nicht mehr reagiert oder die ihr auf die Nerven gehen, oder die man verzweifelt geheimhält, finden eine lindernde und eine die mögliche Heilung vorbereitende Beachtung. Da man einem *anderen* so viel wert ist, nimmt der eigene Wert zu, den man für sich selbst verloren hatte. Stillgelegte Entfaltungs- und Erlebnismöglichkeiten kommen wieder in Gang. Am ehesten könnte man eine Analyse als einen kontinuierlichen Differenzierungsprozeß bezeichnen, der die Wahrnehmung für einen selbst und andere steigert.

Ich glaube nicht, daß man darüber ein besserer Mensch wird, aber es sieht so aus, als sei man auf das Schlechte in sich nicht mehr so stark angewiesen, um sich „psychisch über Wasser zu halten". Die Zunahme des Wohlergehens und des möglichen Genusses am Dasein, der Leistung wie des möglichen Abscheus vor vielen Seiten der Wirklichkeit erlauben mehr Toleranz und Großmut. Die heimlichen Beschädigungen des Mitmenschen, kompensatorische Aggressivität, Mißgunst, Neid, Rivalität, Schadenfreude scheinen sich zu ermäßigen. Vielleicht läßt sich besser unterscheiden, wofür und wogegen man seine Kräfte einsetzen soll.[8]

Wie Moser im Nachwort zur zweiten Auflage seines Buches berichtet, war der Erfolg seiner Analyse allerdings nicht sehr dauerhaft:

Der langsame Zusammenbruch der Illusion, daß ich im wesentlichen *geheilt* aus dieser Analyse gegangen sei, war überaus schmerzhaft, beschämend und demütigend. Er bestätigte die Voraussagen mancher Kollegen über den Abwehrcharakter der Idealisierung des Analytikers wie der Analyse. Ich fing an, Heinz Kohuts Wortspiel aus seinem Vorwort zu diesem Buch über den Wechsel von der Heilsbotschaft zur Heilungsbotschaft besser zu verstehen: ich hatte unbewußt am psychischen Muster der Frömmigkeit festgehalten und unbemerkt die Psychoanalyse an die Stelle der religiösen Wahrheit gesetzt. Dem Bericht über eine hilfreiche, aber nicht wirklich beendete Analyse war eine Art schwärmerischer Missionarstraktat beigemengt, wie ihn einige meiner Vorfahren in Indien oder Afrika unter die „Heiden" verteilt haben mögen.

Etwa ein Jahr nach dem vermeintlichen Ende der Analyse hatte ich den ersten schweren Rückfall in eine wochenlang anhaltende Depression. Ich habe meinen Analytiker gefragt, ob er die Arbeit mit mir noch einmal aufnehmen wolle, und nach einer mehrmonatigen Übergangszeit, in der er nur eine Stunde pro Woche hatte, wurde die Analyse, nach einer Pause von fast zwei Jahren, wieder aufgenommen. Am ehesten glaube ich den Grund des partiellen Zusammenbruchs in dem Bild des Hauses fassen zu können, das er mir bauen und einrichten half: es handelte sich ja nicht um einen Neubau, sondern um die Sanierung eines *rissigen* Gebäudes auf uraltem, weitgehend unbekanntem Fundament. Und ich hatte mich während der Analyse nicht getraut, einige Kellergewölbe des alten Gebäudes wirklich gründlich zu untersuchen.[9]

Da Moser an das psychoanalytische Denkmodell gebunden ist, glaubt er, er müsse seine Kindheit *noch intensiver* erforschen, um seine Probleme zu überwinden. Bei aller Bewunderung für die sensible Aufrichtigkeit, mit der Moser seine Erlebnisse schildert, fand ich das Ergebnis dieser Analyse doch sehr ernüchternd. Auch eine Analyse, die siebenhundert Stunden dauert, bewirkt anscheinend nicht so grundlegende Änderungen der Charakterstruktur, daß der Patient anschließend gegen Rückschläge gefeit ist.

Dörte v. Drigalskis „Irr- und Lehrfahrt durch die deutsche Psychoanalyse“

In ihrem Buch „Blumen auf Granit. Eine Irr- und Lehrfahrt durch die deutsche Psychoanalyse“ beschreibt Dörte v. Drigalski ihre Lehranalyse. Da ihr die Arbeit als Ärztin in der Organmedizin zu unpersönlich und zu mechanisch ist, beginnt sie sich für psychosomatische Medizin und Psychoanalyse zu interessieren. Bei ihrem Entschluß, sich einer Lehranalyse zu unterziehen, steht die berufliche Motivation im Vordergrund. Obwohl sie die Frau, bei der sie in Analyse gehen soll, nicht sonderlich sympathisch findet, läßt sie sich von psychoanalytisch orientierten Kollegen einreden, dies sei nur eine Abwehrreaktion, um zuviel Nähe zu umgehen.[10] Die Lehranalyse bewirkt bei v. Drigalski nicht eine innere Befreiung; die analytischen Deutungen führen eher dazu, daß sie spontane Gefühle und Empfindungen immer mehr in Frage stellt. Dies zeigt z. B. die folgende Episode:

Eine Bekannte hatte einen schönen großen Busen; meinen fand ich zu klein; unreif und kindlich. „In Wirklichkeit sind Sie nicht neidisch auf sie, sondern auf Ihre Mutter; Sie rivalisieren mit Ihrer Mutter." Als junges Mädchen hatte meine Mutter einen ähnlichen Busen gehabt wie ich jetzt; als Erwachsene aber viel mehr. Richtige Frauen waren für mich solch üppige.

Daß ich nicht banal neidisch auf die Bekannte war, entlastete mich zum Teil; die Unterlegenheit meiner Mutter gegenüber war ja biologisch vorgegeben; zumindest bis zur Pubertät. An dieser Bewunderung und Unterlegenheit war ich nicht schuld. Selbst wenn ich sehr neidisch gewesen war, konnte dies ja auch an meiner Mutter liegen, die mich vielleicht besonders kleingehalten, unterdrückt, mit mir rivalisiert hatte. Dahinein war ich ja geboren.

Peinlich war mir, daß ich die Bekannte belud mit meinen Familiengefühlen. Hoffentlich merkte sie nichts. Aber da der Neid ja sowieso meiner Mutter galt, brauchte ich mich nicht zu genieren; er war ja irreal.

Trotzdem fand ich größere Busen schöner, reifer; vor und nach der Deutung. Jetzt blieb meine Bewunderung etwas Neurotisches; sie erinnerte an meine Mutter-Verquickung. So ein eindeutiges Gefühl, und es stimmte nicht; herumtransportiert und auf die nächstbeste Person gesetzt. Mit solchen Empfindungen sollte ich besser vorsichtig sein; auf sie konnte ich mich nicht verlassen. Besser sie gar nicht erst zeigen.[11]

Eigenständige Ansätze zur Problemlösung werden von der Analytikerin ausdrücklich abgelehnt, da diese Probleme in der Analyse nicht mehr zum Ausdruck kamen.

In den ersten Wochen wachte ich öfters nachts auf oder hatte auch tagsüber das Bedürfnis, unbedingt etwas mit ihr zu besprechen. Ich fing dann an, dies aufzuschreiben und schriftlich zu durchdenken; dabei löste sich dann oft der Druck in mir, das Problem klärte sich und die Angelegenheit schien erledigt; ich konnte weiterschlafen; oder war wenigstens ruhig. Da ich auch früher manchmal lange und ausführliche Briefe geschrieben hatte, wenn ich nicht ausreichend Kontakt hatte, war mir das jetzt normal. Nur, daß es jetzt eben keine Briefe waren, mehr ein Anschluß an die zeitlich ja karge Analyse. Der Druck, die Unruhe, mit der ich mich hinsetzte, löste sich beim Schreiben; mit manchen Themen wurde ich dabei innerlich fertig.

Da die quasi abgeschriebenen Probleme dann nicht mehr akut waren, habe ich es relativ spät erwähnt. Darauf kam eine strenge Intervention, dies sei Agieren; ich wolle ihr etwas vorenthalten, das fände sie nicht gut; dies ginge der Analyse verloren. Ich war gekränkt, betroffen und bestand noch darauf, daß sich aber doch etwas in mir dadurch kläre; daß ich immer gerne Briefe geschrieben habe, wenn es um eine schwierige Fragestellung gegangen war. Sie könne es ja gerne lesen; es tue mir aber gut. Ich stieß auf dezidierte Ablehnung. So eindeutig hatte ich sie noch nicht erlebt.

Trotzdem leuchtete mir ihre Begründung zunächst nicht ein und ich blieb entschlossen, ihr Verbot nicht zu befolgen. Schließlich konnte sie es ja lesen, nur kamen mir die Gedanken eben manchmal mitten am Tag, in der Nacht, wie eine aufsteigende Blase, und dann mußte der Inhalt hinaus. Ich habe dann noch einige Tage weitergeschrieben – aber das Verbot saß: die Seiten wurden immer weniger, die Schrift klein und verknautscht, der Schwung in mir war weg, das Spielerische, Entlastende, Flüssige vorbei. Mehr als ein sachliches Tagebuch kam nicht mehr heraus; die Öffnung war verschlossen. Daraus, daß ich dann nicht mehr konnte, schloß ich auf ihre Richtigkeit. Wenn ich nicht tatsächlich etwas hätte verheimlichen wollen, hätte ich ja nicht auf die Intervention reagiert; nur wer ein schlechtes Gewissen hat, fühlt sich betroffen.[12]

Von Vertretern anderer Therapieformen wären die Versuche, Probleme auch schriftlich zu klären, wahrscheinlich ausdrücklich begrüßt und ermutigt worden. In dieser Psychoanalyse wird dagegen ein Einfluß ausgeübt, der die Kreativität und Spontaneität der Analysandin behindert und blockiert, statt sie zu fördern. Sogar bei Verhaltensweisen, die die meisten Menschen als angemessen bezeichnen würden, beginnt die Patientin zu zweifeln, ob dies wohl richtig ist:

Meine Über-Ich-Instanzen waren zu streng; etwas, das ich lockern sollte. Als ich einmal Ausfluß bekam, meldete ich mich gleich am nächsten Morgen in der Hautklinik an und wußte mittags, daß ich keine Geschlechtskrankheit hatte. Das war an sich gut; schien aber auch typisch für meinen Umgang mit Affekten; zeigte, wie ich es vermied, Gefühle auszuleben, sie wachsen zu lassen, wie ich sie mit ordnenden aktiven Maßnahmen stoppte, mich dann nicht weiter um sie kümmerte. Meine Ängste, Sorgen, Phantasien um den vielleicht infektiösen Partner in meinem Unterleib hatte ich gar nicht ausgelebt, kommen lassen; das Problem hatte ich ja gleich sachlich gelöst.[13]

Sogar gute Laune erscheint in der Analyse als etwas sehr Verdächtiges:

Anstrengend waren Stunden, zu denen ich mit guter Laune kam, wo ich über irgend etwas begeistert war, und in denen dann abgewehrt Depressives herausgearbeitet wurde. Öfters mochte ich das nicht glauben; versuchte störrisch, meine gute Stimmung aufrechtzuerhalten. Es gab aber fast immer auch irgend etwas, was mich bedrückte, an das ich nicht denken mochte, das ich wohl mit Grund in den hintersten Hirnwinkel verbannt hatte; und das mir dann die Laune nahm.[14]

Die negativen seelischen Veränderungen, die v. Drigalski bei sich wahrnimmt, führt sie zum damaligen Zeitpunkt aber nicht auf einen schädlichen Einfluß der Lehranalyse zurück. Sie meint:

Mein seelischer Abbau bewies, daß ich gerade noch rechtzeitig in Analyse gegangen war; daß ich sie sehr nötig hatte, daß ich wesentlich gestörter, kränker und am Rande war, als ich es von mir gedacht hatte; und auch als die Umwelt es mir hatte ansehen können. Wahrscheinlich hatte ich es – aus geheimem Wissen heraus – darauf angelegt, eher tüchtig, stabil und vital zu wirken. Diese Schale, diese Abwehrformation bröckelte eben jetzt. Ich konnte froh sein, daß dies jetzt, unter vergleichsweise geordneten Umständen passierte, und ich nicht irgendwo ohne analytische Hilfe zusammenbrach. Dies wäre zu erwarten gewesen.

Mit meinem wachsenden Krankheitsbewußtsein setzte ich mehr, später einzige Hoffnung in meine Analyse. Ich wurde gläubig; bei Patienten konnte ich ansteckend Vertrauen und Zuversicht in analytische Therapie vermitteln.[15]

Nach einem Umzug wird die Lehranalyse bei einem männlichen Analytiker weitergeführt. Nach anfänglich positiven Erfahrungen kommt es zu starken Konflikten. Der Analytiker deutet Vermutungen der Analysandin, die sich später als durchaus berechtigt herausstellen, als „paranoid“ und verstärkt dadurch ihre Selbstzweifel[16]. Dörte v. Drigalski vertraut immer weniger ihrem eigenen Urteil und immer stärker den Deutungen ihres Analytikers. So akzeptiert sie zum Beispiel die zweifelhafte Interpretation, hinter jeder positiven Einstellung zu Juden stecke ein abgewehrter Antisemitismus; dadurch wird aber ihre letzte eindeutig positive Beziehung zu einem väterlichen jüdischen Freund in Frage gestellt[17]. – Nach sechs Jahren Lehranalyse zieht die Autorin ein herbes Fazit:

Es war einfach ungeheuer schwer – auch vor mir selber – zuzugeben, daß sechs Jahre Leben, intensive Identifikation, Emotionen, Beschäftigung, Introspektion nicht gut getan, geschadet hatten; mich möglicherweise irreversibel verändert hatten; daß es in jedem Fall einige Jahre Aufbau kosten würde, wenn überhaupt.

Sehen, wahrnehmen, zugeben konnte ich das nur unter dem Rückhalt von Freunden, Leuten, die mich wieder begeisterten. Ohne Alternative hätte die Einsicht meine seelische Ökonomie wohl überfordert.[18]

Nachträglich erkennt v. Drigalski, wie stark sie sich an bestimmte analytische Lehrmeinungen angepaßt hat:

Eine Rolle für die Gläubigkeit und Neigung zur Verunsicherung spielt auch, daß ein durchschnittlicher Analysand seine Umwelt so umgestaltet, daß er – schon durch die parallel laufenden Ausbildungsveranstaltungen – vorwiegend, und ja auch fachlich am fruchtbarsten, Umgang mit sich ebenfalls in Analyse Befindlichen hat, die auf derselben Wellenlänge schwingen und Unglück eher auf eigene Pathologie als auf reale bedrückende Faktoren beziehen. Oft ist es ja auch einfacher und erheblich weniger konfliktträchtig, Unzufriedenheit durch Trauer, bis Wut auf längst Verstorbene, frühe Mütter oder Geschwister zu kanalisieren, als sich wegen objektiv schwer erträglicher Bedingungen in Auseinandersetzungen zu begeben und zu kämpfen.[19]

In ihrem Nachwort berichtet die Autorin, daß sie mit dem Schreiben begonnen habe, um mit der Erfahrung der 686 Analysestunden fertig zu werden. Zeitweise habe ich geglaubt, die Kritik an der Willkürlichkeit psychoanalytischer Deutungen und an der starken Abhängigkeit des Patienten vom Analytiker könne nur innerhalb einer längst vergangenen und überwundenen Epoche der Psychoanalyse gelten. Nach der Lektüre von „Blumen auf Granit" jedoch weiß ich, daß dies nicht der Wahrheit entspricht. Natürlich könnte man behaupten, hier handle es sich um einen extremen, untypischen Einzelfall. Dies scheint aber nicht der Fall zu sein:

Vergleiche mit anderen Analyseverläufen haben mich bestärkt, meine persönlichen Erfahrungen als typisch ernstzunehmen, sie nicht als seltene, unglückliche Ausnahme abzuwerten, wie mir konsequent und monoton nahegelegt wurde. Im Laufe meiner Arbeit habe ich in zunehmendem Maße von Analysezwischenfällen bis hin zu Suiziden, tödlichen Unfällen und Erkrankungen, gehört, die als Zufall abzutun m. E. leichtfertig wäre und deren Erklärung als zwangsläufige Folge ursprünglicher Neurose mir nicht einleuchtet.[20]

Insgesamt erscheinen mir die *Gefahren* einer intensiven Übertragungsbeziehung, wie sie in der orthodoxen Analyse angestrebt wird, weitaus größer als der mögliche therapeutische Nutzen. Bei einer schlechten Beziehung zwischen Analytiker und Patient kann die starke Abhängigkeit zu einer wachsenden Verunsicherung des Patienten führen; die Gefahr ist groß, daß diese Verunsicherung nicht wie auf fehlerhafte Deutungen des Analytikers, sondern auf frühkindliche Störungen des Patienten zurückgeführt wird. Wenn eine positive Beziehung zwischen Analytiker und Patient besteht, ist die Chance für einen günstigen

Verlauf der Therapie sicherlich größer. Es gibt aber eine Reihe von Untersuchungen, die zeigen, daß eine stärker strukturierte, zeitlich begrenzte Psychotherapie die gleichen oder sogar stärkere positive Effekte hervorruft wie eine analytische Langzeittherapie.[21]

Empirische Untersuchungen zur Wirksamkeit der psychoanalytischen Therapie

Die meisten Psychoanalytiker gingen davon aus, daß neurotische Störungen bestehen bleiben, wenn sie nicht psychotherapeutisch, das heißt analytisch behandelt werden. Eine Besserung im Befinden eines langjährig behandelten Patienten wurde daher als ein Erfolg der Analyse angesehen. Gegen diese recht naive Betrachtungsweise wandte sich Hans-Juergen Eysenck in dem 1952 erschienenen Artikel „Die Wirkungen der Psychotherapie: Eine kritische Einschätzung“[22]. Darin überprüfte er die damals (1952) vorliegenden Untersuchungen über die Wirksamkeit von Psychotherapie. Eysenck kam zu der Schlußfolgerung, daß es keine hinreichenden Beweise für die behaupteten positiven Effekte der Psychotherapie gebe. Eysenck behauptete, bei etwa zwei Drittel aller neurotischen Patienten sei eine Besserung ihres Zustandes zu erwarten – unabhängig davon, ob sie psychotherapeutisch behandelt werden oder nicht. Diese Einschätzung der Wirksamkeit der Psychotherapie beruhte auf dem Vergleich verschiedenartiger Untersuchungen, bei denen die Patientenstichprobe, die Art und Dauer der Behandlung und die Erfolgskriterien wahrscheinlich recht unterschiedlich waren. Eysenck wurde daher vorgeworfen, seine Folgerungen beruhten auf nicht wirklich vergleichbaren Daten. Es ist aber keine sehr überzeugende Rechtfertigung der psychoanalytischen Therapie, wenn die publizierten Erfolgsberichte so unzulänglich sind, daß man *weder die Wirksamkeit noch die Unwirksamkeit* dieser Behandlungsform nachweisen kann. Eysenck selbst wies in seiner Arbeit übrigens deutlich auf die relativ geringe Ausagekraft der verglichenen statistischen Daten hin und plädierte für besser kontrollierte Untersuchungen.

Eine angemessene Antwort auf Eysencks provozierende These, Psychotherapie sei wirkungslos, ist die Durchführung von gutgeplanten Untersuchungen, die diese Annahme überprüfen: Dabei wird eine psychotherapeutisch behandelte Gruppe von Patienten mit einer *unbehandelten Kontroll*gruppe verglichen. Die Behandlungs- und die Kontrollgruppe werden so zusammengestellt, daß sie sich in wichtigen Merkmalen (z. B. Alter, soziale Schicht, Schwere der Störung) vor dem Beginn der Therapiephase statistisch nicht bedeutsam unterscheiden. Zumeist muß die Kontrollgruppe einige Monate auf den Beginn ihrer Behandlung warten. In dieser Zeit wird die Therapie der Behandlungsgruppe durchgeführt. Danach werden beide Gruppen dann ein zweites Mal getestet. Wenn die konstruktiven Veränderungen der Behandlungsgruppe größer sind als die der Kontrollgruppe, kann man diesen Effekt auf die Therapie zurückführen. Oft wird auch in Nachuntersuchungen überprüft, ob die Therapieerfolge dauerhaft sind, ob es Rückfälle oder Hinweise auf weitere Besserungen gibt.[23]

Die meisten kontrollierten Untersuchungen über die Prozesse und Ergebnisse von Psychotherapie beschäftigen sich mit der von Rogers begründeten klientenzentrierten Therapie und mit der Verhaltenstherapie. Von Psychoanalytikern wurden nur relativ wenige Versuche gemacht, die Effekte der analytischen Therapie empirisch zu erforschen. Die psychoanalytisch orientierten Autoren Luborski und Spence[24] diskutieren die Ergebnisse von empirischen Arbeiten zur klassischen Psychoanalyse. Sie weisen darauf hin, daß es eine bloße Annahme und keine gesicherte Tatsache sei, wenn behauptet wird, eine langfristige Psychoanalyse bewirke besonders tiefgreifende Charakteränderungen. Die Autoren nehmen an, daß Effekte der Psychotherapie hauptsächlich auf unspezifische Faktoren zurückgeführt werden können, die in *allen* Therapieformen wirksam sind[25]. Der Verhaltenstherapeut Stanley Rachman kommt nach einer Besprechung der Untersuchungen zur psychoanalytischen Behandlung zu dem Ergebnis: „Zur Bestätigung der Ansicht, die psychoanalytische Behandlung sei effektiv, liegen immer noch keine annehmbaren Nachweise vor.“[26]

In einem Sammelreferat über die Probleme und Ergebnisse der Psychotherapieforschung kommen Bergin und Lambert[27] allerdings zu einer positiveren Einschätzung der Wirkungen der Psychoanalyse als Rachman. Nach ihrer Schätzung liegt die Besserungsrate für neurotische Störungen *ohne* psychotherapeutische Behandlung bei 54%, wobei die Werte bei verschiedenen Untersuchungen aber sehr stark schwanken. Ihre Schätzung der sogenannten spontanen Remissionsrate von Neurosen liegt also wesentlich niedriger als die von Eysenck angegebenen Werte.

Bergin und Lambert führen Besserungen ohne regelrechte psychotherapeutische Behandlung vor allem darauf zurück, daß Personen mit psychischen Problemen bei anderen Menschen in ihrer Umgebung (z. B. Freunde, Verwandte, Kollegen, Lehrer, Ärzte, Geistliche) Hilfe suchen und erhalten. In ihrer Analyse von vergleichenden Untersuchungen kommen die Autoren zu dem Ergebnis: Verschiedenartige Therapieformen (z. B. Verhaltenstherapie, klientenzentrierte Therapie, psychoanalytische Therapie) erzielen in den meisten Fällen im Vergleich zu unbehandelten Kontrollgruppen positivere Resultate. Es gibt aber *keine* überzeugenden Nachweise dafür, daß eine bestimmte Therapieform durchgängig *bessere* Ergebnisse bewirkt als eine der anderen konkurrierenden therapeutischen Methoden. Nur bei einigen spezifischen Störungen (z. B. Phobien, sexuelle Störungen, Zwänge) scheinen speziell verhaltenstherapeutische Methoden am wirksamsten zu sein.

Ich möchte zwei Studien etwas ausführlicher darstellen, in denen verschiedene Therapieformen verglichen wurden: In einer Studie an der Temple Universität in Philadelphia wurden die Wirkungen von analytisch orientierter Kurztherapie und von Verhaltenstherapie untersucht; die Therapien wurden von kompetenten Analytikern und Verhaltenstherapeuten mit langjähriger beruflicher Erfahrung durchgeführt. (Diese Studie – von Sloane und Mitarbeitern – ist eine der bekanntesten und methodisch besten empirischen Untersuchungen über die Ergebnisse verschiedener Therapieformen.[28])

Von den mehr als neunzig Patienten, die an der Untersuchung teilnahmen, wurden etwa zwei Drittel als „neurotisch“ eingestuft; bei den übrigen wurde die Diagnose „Persönlichkeitsstörungen“ gestellt. Die am häufigsten genannten Symptome waren allgemeine Ängste; Probleme im Umgang mit anderen Menschen, insbesondere mit dem anderen Geschlecht; Selbstwertprobleme; die Tendenz sich Sorgen zu machen, sowie körperliche Beschwerden. Die Patienten wurden der psychoanalytischen Kurztherapie, der verhaltenstherapeutischen Behandlung oder der Kontrollgruppe zugeteilt, deren Mitglieder vier Monate auf den Beginn der Behandlung warten mußten. Nach vier Monaten wurden bei allen Gruppen (interessanterweise auch bei der unbehandelten Kontrollgruppe) Besserungen gefunden; sie waren aber bei den beiden Behandlungsgruppen deutlich stärker ausgeprägt. Nachuntersuchungen nach einem Jahr und nach zwei Jahren ergaben, daß die konstruktiven Veränderungen der Patienten anhielten. Bei einigen wenigen Erfolgskriterien erzielten die verhaltenstherapeutisch behandelten Patienten bessere Ergebnisse; insgesamt waren die Unterschiede zwischen den beiden Therapieformen aber relativ gering.

Auch einige weitere Ergebnisse dieser Studie sind interessant: Von unabhängigen Beurteilern wurden Tonbandaufzeichnungen der fünften Therapiestunde nach verschiedenen Merkmalen eingeschätzt. Nach diesen Einschätzungen zeigten die Verhaltenstherapeuten ein größeres Ausmaß von Einfühlung, Selbstkongruenz und Tiefe der interpersonellen Beziehung zu dem Patienten als die Analytiker. Die Patienten führten ihren Therapieerfolg stärker auf allgemeine therapeutische Faktoren beziehungsweise auf die Persönlichkeit ihres Therapeuten zurück als auf spezifische Techniken, die für eine bestimmte Therapieform charakteristisch sind.

Die Ergebnisse der Temple-Studie widersprechen einigen gängigen Vorurteilen: Weder die Behauptung, psychoanalytische Therapie sei ganz uneffektiv, noch die Annahme, Verhaltenstherapie würde bei komplexen Störungen versagen, wurden bestätigt. Die Resultate widersprechen auch sehr deutlich der Behauptung mancher Psychoanalytiker, daß Verhaltenstherapeuten seelenlose Verhaltenstechniker seien, die ihre Patienten zu manipulierbaren Objekten degradieren würden.[29]

Die zweite sehr sorgfältig geplante Untersuchung, die ich besprechen möchte, wurde von dem Psychoanalytiker Hans H. Strupp und seinen Mitarbeitern an der Vanderbilt Universität in Nashville durchgeführt.[30]

Die Patienten waren männliche Studenten im Alter von 17 bis 24 Jahren, die unter Ängsten, Depressionen und Kontaktproblemen litten. Sie wurden einer von drei Gruppen zugeteilt: 1. Behandlung durch erfahrene Psychotherapeuten (analytische Therapeuten und an Rogers orientierte Therapeuten). 2. Behandlung durch Hochschullehrer ohne jede Ausbildung in Psychotherapie; sie wurden aufgrund ihres Interesses an Studenten und ihrer Vertrauenswürdigkeit ausgewählt. 3. Kontrollgruppe, deren Studenten zwei bis drei Monate auf den Beginn der Therapie warten.

Die Ergebnisse der Vanderbilt-Studie waren ähnlich wie die Resultate der Temple-Studie. Bei den Behandlungsgruppen und der Kontrollgruppe wurden im Nachtest konstruktive Veränderungen gefunden. Bei einigen Erfolgskriterien schnitten die Behandlungsgruppen im Vergleich zur Kontrollgruppe signifikant besser ab. Es gab aber keine wesentlichen Unterschiede zwischen den Studenten, die von Psychotherapeuten, und denen, die von Hochschullehrern ohne Therapieausbildung behandelt wurden.

Gomez-Schwartz[31] analysierte die Ergebnisse dieser Untersuchung noch etwas genauer: Sie vergleicht drei Therapieformen, nämlich die analytische Behandlung, die an Rogers orientierte Therapie und die Therapie der Hochschullehrer. Wie erwartet gab es deutliche Unterschiede im therapeutischen Stil zwischen den drei Gruppen. Die Analytiker beschäftigten sich am stärksten mit den psychodynamischen Wurzeln der Probleme ihrer Patienten; in bezug auf Wärme und Freundlichkeit und auf das Ausmaß direkter Lenkung erhielten sie von unabhängigen Beurteilern, die Aufnahmen der Gespräche einschätzten, die niedrigsten Werte. Trotz dieser klaren Unterschiede im therapeutischen Vorgehen waren die Ergebnisse bei allen drei Behandlungsformen aber gleich. *Der Erfolg der Therapie hing sehr stark mit dem Engagement des Patienten in der therapeutischen Interaktion zusammen.* Die Beschäftigung mit den psychodynamischen Ursachen der Störungen korrelierte dagegen nur schwach positiv mit den Effekten der Therapie.

Die Bedeutung allgemeiner therapeutischer Faktoren

Die berichteten Ergebnisse vergleichender Untersuchungen über die Effekte verschiedener Therapieformen stimmen am besten mit Theorien überein, die die Wichtigkeit unspezifischer Therapiefaktoren stark betonen. Viele Forscher vertreten die Auffassung: Für den Erfolg von Psychotherapien sind nicht in erster Linie die spezifischen Methoden verantwortlich, die von bestimmten Therapieschulen propagiert werden, sondern eher allgemeine Merkmale der therapeutischen Beziehung.[32]

Vier allgemeine Elemente scheinen in den verschiedenen Formen der Psychotherapie eine wichtige Rolle zu spielen, wie Jerome Frank meint:

1. In der Beziehung zwischen dem Patienten und dem Therapeuten ist

entscheidend, daß der Patient auf die Kompetenz des Therapeuten und seine Bereitschaft ihm zu helfen, vertraut.

2. Genießt die gewählte Form der Psychotherapie gesellschaftliche Achtung, so weckt bereits die Rahmensituation beim Patienten die Hoffnung, wirksame Hilfe zu erhalten.

3. Alle Therapieformen beruhen auf einer Theorie oder einem Mythos, der eine Erklärung für Krankheit und Gesundheit, Normalität und Abweichung enthält. Die therapeutische Theorie ist um so wirksamer, je besser sie mit dem Weltbild des Patienten vereinbar ist.

4. Alle Psychotherapien enthalten bestimmte Verfahren, durch die der Patient zu bestimmten *Aktivitäten* angeleitet wird. Diese Verfahren sollen ihm helfen, seine Fehler zu erkennen und zu korrigieren.

Frank ist der Meinung, daß die therapeutische Wirksamkeit von Theorien und Techniken nicht in ihren spezifischen Inhalten liegt, die sehr verschieden sind, sondern in ihren Funktionen, die gleich sind. Erfolgreiche Therapien ermöglichen dem Patienten die folgenden Erfahrungen:[34]

a) Sie helfen ihm, Klarheit über seine Schwierigkeiten zu bekommen, seine bisherigen Annahmen zu überprüfen und neue Problemlösungen zu entwickeln.

b) Sie wecken die Hoffnung auf eine Besserung.

c) Sie ermöglichen dem Patienten Erfolgserlebnisse.

d) Sie helfen, seine Entfremdung von den Mitmenschen zu vermindern.

e) Sie lösen emotionale Erregung aus; diese emotionale Aktivierung scheint Einstellungs- und Verhaltensänderungen zu erleichtern.

In diesem Zusammenhang erscheint mir eine Äußerung von Erich Fromm bedeutsam, der in seinem Buch „Sigmund Freuds Psychoanalyse – Größe und Grenzen" schreibt:

Um die außerordentliche Bedeutung der psychoanalytischen Entdeckungen Sigmund Freuds voll zu würdigen, muß man das Prinzip verstehen, auf das sie sich gründen. Man kann dieses Prinzip nicht adäquater ausdrücken als mit dem Satz des Evangeliums: „Und die Wahrheit wird euch frei machen" (Joh. 8, 32). Der Gedanke, daß die Wahrheit errettet und heilt, ist in der Tat eine alte Einsicht, welche die großen Meister des Lebens verkündet haben.

> Niemand hat das vielleicht mit einem solchen Radikalismus und einer solchen Klarheit getan wie Buddha, aber es ist ein Gedanke, den auch Judentum und Christentum, Sokrates, Spinoza, Hegel und Marx teilen.[35]

Erich Fromm glaubt also, „daß die Wahrheit errettet und heilt". Jerome D. Frank meint dagegen, daß der *Glaube,* die Wahrheit über sich selbst erkannt zu haben, eine heilsame Wirkung haben kann; auch offensichtlich falsche Überzeugungen können starke positive Effekte hervorrufen. Buddha, das Judentum, das Christentum, Sokrates, Spinoza, Hegel, Marx und Freud haben sehr unterschiedliche inhaltliche Vorstellungen darüber, wie „die Wahrheit" aussieht. Wenn sie alle glauben, die Wahrheit würde heilen, so spricht dies stark für Franks Auffassung: Die jeweiligen Inhalte der Theorien oder Glaubenssysteme, die Heilungs- oder Heilsversprechen geben, sind ziemlich belanglos; bereits der Glaube an die Heilung bewirkt oft eine deutliche Besserung bei Menschen, die zuvor ziemlich hoffnungslos waren.

Kann man also die Situation der konkurrierenden Schulen der Psychotherapie durch den Satz „Alle sind Sieger, und jeder muß einen Preis bekommen" aus Lewis Carrolls „Alice im Wunderland"[36] charakterisieren? Meiner Ansicht nach gibt es drei Gründe, die dagegen sprechen:

1. Auch wenn allgemeine Faktoren eine wichtige Rolle bei allen Therapieformen spielen, gibt es doch einige Hinweise dafür, daß spezifische verhaltenstherapeutische Techniken bei bestimmten Problemen (z. B. Phobien) besonders wirksam sind.[37]

2. Der Satz „Alle sind Sieger, und jeder muß einen Preis bekommen" gibt nach meiner Meinung eine etwas zu positive Einschätzung der Wirkungen von Psychotherapie. Die im Durchschnitt mittelmäßig positiven Therapieeffekte, die in vielen Untersuchungen gefunden wurden, setzen sich aus sehr unterschiedlichen Einzelergebnissen zusammen: Etwa ein Drittel der Patienten zeigt deutliche Besserungen, ein Drittel weniger starke Besserungen und ein Drittel verändert sich nicht. Nach Bergin und Lambert[38] ist anzunehmen, daß in einigen wenigen Fällen die Psychotherapie sogar eine *Verschlechterung* des psychischen Zustands bei Patienten bewirkt. Der Bericht von Dörte v. Drigalski über ihre Lehranalyse zeigt, daß die Gefahr negativer Therapieeffekte auch bei der psychoanalytischen Behandlung besteht. Ob diese Gefahr bei der

analytischen Langzeitbehandlung größer als bei anderen Therapieformen ist, vermag ich nicht zu beurteilen.

3. Wenn alle Therapieformen in etwa die gleichen Effekte bewirken, dann liegt es eigentlich nahe, kürzere Therapien zu bevorzugen. Luborski, Singer und Luborski[39] kamen in ihrem Sammelreferat zu dem Ergebnis, daß zeitlich begrenzte Therapien genauso wirksam sind wie länger dauernde Behandlungen. Nach Garfield[40] gibt es sogar einige Hinweise, daß Kurztherapien für den Patienten hilfreicher sind.

Der amerikanische Psychotherapeut Albert Ellis verglich seine Erfahrungen mit orthodoxer Analyse, mit psychoanalytisch orientierter Therapie und mit der von ihm entwickelten rational-emotiven Therapie. Während er für die orthodoxe Analyse durchschnittlich 93 Stunden brauchte, benötigte er bei der neofreudianischen Therapie 35 Stunden und bei der rational-emotiven Therapie 26 Stunden.[41] Nach dem Eindruck von Ellis waren die kürzeren Therapien erfolgreicher als die Langzeittherapie. Er schreibt über den Übergang von der orthodoxen Analyse zur analytisch orientierten Therapie:

Sobald ich von der „Tiefen"analyse mit ihren drei bis fünf Wochenstunden auf der Couch zu einer „analytisch orientierten" Form der Psychotherapie überging, bei der ich ein oder zweimal wöchentlich dem Patienten gegenübersaß, begann ich bessere therapeutische Resultate zu erzielen. Zu meiner großen Überraschung zeitigte diese „oberflächlichere" Methode nicht nur raschere, sondern anscheinend auch tieferreichende und dauerhaftere Wirkungen. In der analytisch orientierten Therapie werden zwar viele der grundlegenden Erkenntnisse Freuds, Ferenczis, Abrahams, Jones', Fenichels und anderer führender Analytiker verwertet (sowie Einsichten der Neofreudianer und Neoadlerianer Horney, Rank, Reich, Fromm, Fromm-Reichman, Sullivan und anderer), die langwierigen Methoden der freien Assoziation und komplexer Traumanalysen werden jedoch meist beiseitegelassen oder abgekürzt und statt dessen bedient man sich einer aktiveren und rascher interpretierenden therapeutischen Methode.

Während ein klassischer Freudianer unter Umständen ein oder zwei Jahre braucht, um seinem Patienten klarzumachen, daß er noch übermäßig an seinen Eltern hängt und daß diese enge

> Bindung an seinem heutigen neurotischen Verhalten schuld ist, kann eine analytisch orientierte Therapie einem Patienten die gleiche Interpretation schon nach wenigen Sitzungen vermitteln. In sehr aktiver Weise versucht der Therapeut ständig, die Lebensgeschichte des Patienten (die er durch direkte, eindringliche Fragen rekonstruiert) zu seinem gegenwärtigen neurotischen Verhalten in Beziehung zu setzen.[42]

Die rational-emotive Therapie, die Ellis in der Mitte der fünfziger Jahre entwickelte, konzentriert sich noch stärker auf die *gegenwärtigen* Denk- und Verhaltensweisen des Patienten. Dadurch konnte die Dauer der Behandlung noch weiter verkürzt werden.

Anhänger der orthodoxen Psychoanalyse antworten auf die hier vorgetragenen kritischen Argumente üblicherweise: „Die klassische Psychoanalyse verfolgt ganz andere Ziele als zeitlich begrenzte Therapien. Sie führt zu sehr viel tieferen Einsichten in die Ursachen der jeweiligen Störungen und ermöglicht dadurch eine grundlegende Veränderung der Charakterstruktur. Diese Wirkungen kann man mit den groben Methoden positivistischer Forschung allerdings nicht erfassen."

Um mehr über die Wirkungen der Psychoanalyse im Einzelfall zu erfahren, habe ich die Bücher von Tilmann Moser und Dörte v. Drigalski über ihre Lehranalysen gelesen; außerdem habe ich die Berichte über das Schicksal von Freuds berühmtestem Patienten, dem Wolfsmann, studiert (vgl. Kapitel 8). Nach der Lektüre dieser Bücher ist es mir nicht mehr möglich, an die tiefgreifenden und grundlegenden Wirkungen der Psychoanalyse zu glauben.

Wahrscheinlich wird sich ein überzeugter Anhänger der Psychoanalyse durch diese Argumente nicht von der Vorstellung abbringen lassen, daß diese Therapieform allen anderen überlegen ist. Der amerikanische Psychotherapeut Sol L. Garfield, ein entschiedener Verfechter von zeitlich begrenzten Therapien, schreibt zu diesem Thema:

> Einige Therapeuten aber scheinen durch ihre frühere Ausbildung oder persönliche Therapie so stark indoktriniert worden zu sein, daß sie allen neuen Vorstellungen, die eine Änderung ihres Ansatzes implizieren würden, äußert widerstrebend begegnen. Als ich mich sowohl in den USA als auch in Europa mit verschiedenen

Therapeutengruppen darüber unterhalten habe, bin ich oftmals von diesem Phänomen beeindruckt worden. Wer sich auf eine Langzeit-Psychotherapie eingelassen hat, vermittelt den Eindruck, daß jegliche Form einer kürzeren Therapie oberflächlich und zweitklassig ist, und daß sie sich nicht mit etwas zufrieden geben, was sie als niedrigere Therapieziele ansehen. Um eine Analogie aus der Medizin heranzuziehen, es ist so, als ob jeder, der ein psychisches Problem hat, sich in Äquivalenz einem größeren chirurgischen Eingriff unterwerfen müsse. Kleinere Behandlungen werden nicht ins Auge gefaßt! Sicherlich können wir uns Hoffnungen darauf machen, daß wir uns in zunehmendem Maße bei der Behandlung nach dem Klienten richten und kürzere Therapien noch häufiger eingesetzt werden, sobald sich herausgestellt hat, daß sie genauso gute Dienste wie längere Therapieformen erweisen.[43]

Zusammenfassung

Um die Wirksamkeit der psychoanalytischen Therapie einzuschätzen, kann man sich sowohl auf ausführlich beschriebene Einzelfälle als auch auf statistische Untersuchungen stützen.

Die Berichte von Tilmann Moser und Dörte v. Drigalski über ihre Lehranalysen zeigten, wie verschieden psychoanalytische Behandlungen beurteilt werden können. Mögliche Gründe für den unterschiedlichen Verlauf der beiden Therapien werden diskutiert. Nach dem Erfahrungsbericht von Dörte v. Drigalski muß man damit rechnen, daß psychoanalytische Behandlungen in manchen Fällen negative Auswirkungen auf die Persönlichkeit des Analysanden haben.

Nach dem heutigen Stand der Psychotherapieforschung gibt es nur wenige kontrollierte Untersuchungen, die die Wirksamkeit analytisch orientierter Kurztherapien nachweisen: Nach den Ergebnissen dieser Untersuchungen zeigten die psychoanalytisch behandelten Patienten stärkere konstruktive Veränderungen als die unbehandelte Kontrollgruppen; es gab aber keine Hinweise dafür, daß die analytische Therapie anderen Therapieformen überlegen wäre. Die Therapieerfolge scheinen nicht auf spezifisch psychoanalytischen Techniken, sondern eher auf allgemeinen Merkmalen einer vertrauensvollen therapeutischen Beziehung zu beruhen. Zeitlich begrenzte Kurztherapien sind anscheinend genauso wirksam wie intensive psychoanalytische Langzeitbehandlungen; die Gefahr einer starken Abhängigkeit des Patienten vom Psychotherapeuten ist bei Kurztherapien weniger stark ausgeprägt.

12. Die Psychoanalyse und ihre Kritiker

In diesem Abschnitt beschäftige ich mich erstens mit der Reaktion von Freuds Zeitgenossen auf seine Theorien; zweitens wird besprochen, wie Analytiker typischerweise mit Kritik an ihren Lehren umgingen (und umgehen).

Die Rezeption von Freuds Werken

Eine weit verbreitete Legende besagt, Freuds geniale Entdeckungen seien von seinen Zeitgenossen entweder totgeschwiegen oder mit üblen Beschimpfungen zurückgewiesen worden. So schreibt z. B. Alexander Mitscherlich über den Widerstand gegen die Psychoanalyse:

> Die erste Phase der Reaktion auf die Entdeckungen Freuds läßt sich leicht überschreiben: „Beschimpfungen". Diese Phase dauerte etwa von der Jahrhundertwende bis um das Jahr 1960. Sie ist durch Freuds und seiner unmittelbaren Schüler Arbeit und auf der Gegenseite wesentlich durch Wortführer der akademischen Oligarchie gekennzeichnet. Die Namen sind schon fast vergessen; der letzten einer war Karl Jaspers.[1]

Freud selbst hat den Mythos vom einsamen Helden, der allen Anfeindungen seiner Umwelt tapfer standhält und nur der reinen Wahrheit verpflichtet ist, sehr gepflegt. Er schreibt in dem Aufsatz „Zur Geschichte der psychoanalytischen Bewegung":

> Ich behandelte meine Entdeckungen wie indifferente Beiträge zur Wissenschaft und hoffte dasselbe von den anderen. Erst die Stille, die sich nach meinen Vorträgen erhob, die Leere, die sich um meine Person bildete, die Andeutungen, die mir zugetragen wurden, ließen mich allmählich begreifen, daß Behauptungen über die Rolle der Sexualität in der Ätiologie der Neurosen nicht darauf rechnen könnten, so behandelt zu werden wie andere Mitteilun-

gen. Ich verstand, daß ich von jetzt ab zu denen gehörte, die „am Schlaf der Welt gerüttelt haben", nach *Hebbels* Ausdruck, und daß ich auf Objektivität und Nachsicht nicht zählen durfte. Da aber meine Überzeugung von der durchschnittlichen Richtigkeit meiner Beobachtungen und Schlußfolgerungen immer mehr wuchs und mein Zutrauen zu meinem eigenen Urteile sowie mein moralischer Mut nicht eben gering waren, konnte der Ausgang dieser Situation nicht zweifelhaft sein. Ich entschloß mich zu glauben, daß mir das Glück zugefallen war, besonders bedeutungsvolle Zusammenhänge aufzudecken, und ich fand mich bereit, das Schicksal auf mich zu nehmen, das mitunter an solches Finden geknüpft ist.

Dies Schicksal stellte ich mir in folgender Weise vor: Es würde mir wahrscheinlich gelingen, mich durch die therapeutischen Erfolge des neuen Verfahrens zu erhalten, die Wissenschaft aber würde zu meinen Lebzeiten keine Notiz von mir nehmen. Einige Dezennien später würde ein anderer unfehlbar auf dieselben, jetzt nicht zeitgemäßen Dinge stoßen, ihre Anerkennung durchsetzen und mich so als notwendigerweise verunglückten Vorläufer zu Ehren bringen. Unterdes richtete ich's mir als Robinson auf meiner einsamen Insel möglichst behaglich ein. Wenn ich aus den Verwirrungen und Bedrängnissen der Gegenwart auf jene einsamen Jahre zurückblicke, will es mir scheinen, es war eine schöne heroische Zeit; die *splendid isolation* entbehrte nicht ihrer Vorzüge und Reize.[2]

Bevor ich die Arbeiten von Ellenberger[3] und Sulloway[4] kennenlernte, hatte ich diese Äußerungen von Freud für bare Münze genommen. Durch die gründlichen historischen Forschungen dieser Autoren wird die Legende von einsamen, verfemten Helden klar widerlegt.

Nach Freuds Vortrag über seine Verführungstheorie der Hysterie, die er als bahnbrechende neue Erkenntnis anpries, hatte sein Kollege, der Sexualpathologe Krafft-Ebing geäußert, dies klinge wie ein wissenschaftliches Märchen. Trotzdem schlug Krafft-Ebing ein Jahr später Freuds Ernennung zum außerordentlichen Professor an der Universität Wien vor. In einem Bericht an das zuständige Ministerium äußert er sich sehr wohlwollend zu Freuds umstrittener Theorie:

Die Neuartigkeit dieser Forschungen und die Schwierigkeit ihrer Nachprüfung gestattet kein rasches Urteil zur Zeit über ihre Tragweite. Es ist möglich, daß Freud diese überschätzt und gefundene Resultate zu sehr verallgemeinert. Unter allen Umständen sind seine Forschungen auf diesem Gebiete Beweise ungewöhnlicher Begabung und Fähigkeit, wissenschaftliche Untersuchungen in neue Bahnen zu lenken.[5]

Man wird Freuds Kollegen wohl kaum tadeln können, weil sie eine Theorie kritisierten, die Freud ein Jahr später selbst wieder verwarf. Allerdings distanzierte sich Freud öffentlich erst im Jahre 1905 von seiner Verführungstheorie. Seine Kritiker mußten also annehmen, daß er diese Theorie immer noch vertreten würde. Im Dezember 1904 hielt Freud einen Vortrag mit dem Thema „Über Psychotherapie", der im folgenden Jahr veröffentlicht wurde. Zu den „Studien über Hysterie", die er 1895 zusammen mit Josef Breuer veröffentlicht hatte, sagt Freud in diesem Vortrag:

Erfreulicherweise darf ich sagen, haben die Bemühungen unserer *Studien* Erfolg gehabt; die in ihnen vertretenen Ideen von der Wirkungsweise psychischer Traumen durch Zurückhaltung von Affekt und die Auffassungen der hysterischen Symptome als Erfolge einer aus dem Seelischen ins Körperliche versetzten Erregung, Ideen, für welche wir die Termini „Abreagieren" und „Konversion" geschaffen hatten, sind heute allgemein bekannt und verstanden. Es gibt – wenigstens in deutschen Landen – keine Darstellung der Hysterie, die ihnen nicht bis zu einem gewissen Grade Rechnung tragen würde, und keinen Fachgenossen, der nicht zum mindesten ein Stück weit mit dieser Lehre ginge.[7]

Diese Aussagen über die weitgehende Anerkennung der Freudschen Lehren bei seinen Fachkollegen widersprechen klar den späteren Behauptungen über seine völlige Isolierung. Interessant ist weiterhin, daß Freud in diesem Vortrag seine gescheiterte Verführungstheorie der Hysterie mit keinem Wort erwähnt. Dabei handelt es sich wohl kaum um eine „Freudsche Fehlleistung", die auf einen unbewußten Abwehrmechanismus zurückgeht, sondern wahrscheinlich eher um das bewußte Ignorieren eines peinlichen Themas.

Über die Aufnahme seiner Schriften schrieb Freud im Rückblick:

Unterdes wurden meine Schriften in der Fachliteratur nicht referiert oder, wenn dies ausnahmsweise geschah, mit höhnischer oder mitleidiger Überlegenheit zurückgewiesen. Gelegentlich wandte mir auch ein Fachgenosse in einer seiner Publikationen eine Bemerkung zu, die sehr kurz und nicht sehr schmeichelhaft war, etwa: verbohrt, extrem, sehr sonderbar.[8]

Ellenberger und Sulloway weisen nach, daß diese Behauptungen nicht den Tatsachen entsprechen. Freuds Buch „Die Traumdeutung“[9], das im Jahre 1900 erschien, und die ein Jahr später veröffentlichte kürzere Schrift „Über den Traum“[10] wurden insgesamt in mindestens dreißig Zeitschriften besprochen! Viele Rezensenten äußerten sich positiv über diese Arbeiten; in einer Besprechung wird die Traumdeutung sogar als ein „epochales“ Werk bezeichnet. Allerdings üben manche Rezensenten auch deutliche Kritik an der Willkürlichkeit der Freudschen Deutungsmethode.[11]

Auch die „Drei Abhandlungen zur Sexualtheorie“[12] wurden überaus positiv aufgenommen. In keiner Besprechung dieser Arbeit wurde Freud wegen seiner Erörterung des kindlichen Sexuallebens kritisiert, wenn auch spezielle Behauptungen über die oralen und analen erogenen Zonen in Frage gestellt wurden. Sulloway zitiert als Beispiel einige Sätze aus der Rezension des Psychiaters Paul Näcke:

Verfasser wüßte kein Werk anzuführen, das in solcher Kürze so geist- und gedankenreich die wichtigen Sexualprobleme behandelt. Dem Leser und sogar dem Sachverständigen erschließen sich ganz neue Horizonte und für Lehrer und Eltern werden neue Lehren zum Verständnis der Sexualität der Kinder gegeben (...). Freilich verallgemeinert Verfasser sicher seine Thesen viel zu sehr (...). Wie eben jeder seine Kinder besonders liebt, so der Verfasser seine Theorien. Wenn wir ihm nun hier und in so manchem anderen nicht zu folgen vermögen, so benimmt das nur wenig dem Ganzen seinen Wert (...). Der Leser allein kann sich selbst von dem ungeheuren Reichtum des Inhalts einen richtigen Begriff machen. *Wenige Schriften dürften ihr Geld so wert sein, wie diese!*[13]

Es wird oft behauptet, Freud sei der erste gewesen, der die kindliche Sexualität entdeckt hätte. Aber schon vor Freud hatten Autoren wie Wilhelm Fließ und Albert Moll auf die weite Verbreitung infantiler Sexualphänomene hingewiesen. Zu den unbequemsten Kritikern der Psychoanalyse gehörte Albert Moll, der sich schon 1897 in dem Buch „Untersuchungen über die Libido sexualis" mit der kindlichen Sexualentwicklung beschäftigt hatte. Moll kritisierte Freuds suggestive Fragemethode und seinen Versuch, das Sexualleben des Kindes durch die Analyse von Erwachsenen zu erforschen. Nach Molls Ansicht waren die „Beweise" für die psychoanalytische Theorie sehr fragwürdig:

Freud und seine Anhänger legen nach meinem Eindruck Freuds Theorie den Krankengeschichten, nicht aber die Krankengeschichten der Theorie zugrunde. Freud sucht durch Psychoanalysen seine Theorie zu erweisen. Es finden aber hierbei soviele willkürliche Deutungen statt, daß von einem Beweise nicht die Rede sein kann.[14]

Sulloway[15] beschreibt ausführlich die Kontroverse zwischen Freud und Moll. Groteskerweise warf Freud Moll vor, er habe seine Entdeckungen plagiiert, obwohl Molls Buch über die Sexualentwicklung acht Jahre vor Freuds Arbeit zur Sexualtheorie erschienen war.

Viele Ärzte waren der Psychoanalyse zunächst durchaus positiv gesinnt. Je mehr sich die „psychoanalytische Bewegung" aber zu einer Art religiöser Sekte entwickelte, desto stärker distanzierten sich Freuds Fachkollegen von der Analyse. Die Analogie zu einer Religionsgemeinschaft wurde übrigens nicht nur von den Gegnern, sondern auch von den Anhängern der Psychoanalyse betont. So berichtet Wilhelm Stekel, daß er zum „Apostel Freuds" wurde, „der mein Christus war", und daß die Zusammenkünfte der Mittwochs-Gesellschaft in Freuds Haus „wie eine Offenbarung" erlebt wurden.[16] Max Graf, der Vater des „kleinen Hans" schrieb in seinen Erinnerungen an Freud über diese Zusammenkünfte:

In diesem Raum herrschte eine Atmosphäre wie bei einer Religionsstiftung. Freud selbst war ihr neuer Prophet, der die bis dahin gültigen Methoden der psychologischen Forschung überflüssig erscheinen ließ. Freuds Schüler – alle inspiriert und überzeugt – waren seine Apostel (...)

Freud – als das Haupt einer Gemeinde – verbannte Adler; er verjagte ihn aus der offiziellen Kirche. Einige Jahre lang durchlebte ich die gesamte Entwicklung der Geschichte einer Kirche ...[17]

Freuds Behauptungen über seine jahrelange Isolierung passen zwar gut zu seiner Phantasie, als Robinson auf einer einsamen Insel zu leben; zwischen den historischen Tatsachen und dem psychoanalytischen Heldenmythos besteht aber eine erstaunlich große Diskrepanz. Die Reaktionen von Freuds Zeitgenossen auf seine Theorien waren keineswegs einheitlich: Manche Kritiker lehnten sie aus moralischen und/oder aus wissenschaftlichen Gründen heftig ab; manche Kollegen standen seinen Arbeiten durchaus wohlwollend gegenüber, äußerten aber in bestimmten Punkten Bedenken gegen seine Lehre; schließlich gab es einen Kreis begeisterter Anhänger, für die die Worte des Meisters eine Offenbarung darstellten.

Schließlich gab es auch eine Phase ideologisch motivierter Ablehnung der Psychoanalyse. In den dreißiger Jahren wurde die Psychoanalyse auf übliche Weise als „degenerierte jüdische Wissenschaft" beschimpft. So schrieb z. B. der Psychiater Oswald Bumke[18] im Jahre 1938, endlich habe man erkannt, wie schädlich die Psychoanalyse für die Seele des Volkes sei. Es handele sich hier um einen raffinierten Versuch, dem Menschen alle Ideale zu rauben.

Auch Carl Gustav Jung, der 1910 mit Unterstützung Freuds Präsident der „Internationalen Psychoanalytischen Vereinigung" geworden war und nach dem Bruch mit Freud eine schwere Krise durchmachte, distanzierte sich von der „jüdischen Psychologie" Freuds. Er schrieb 1934 im „Zentralblatt für Psychotherapie":

Das arische Unbewußte hat ein höheres Potential als das jüdische; das ist der Vorteil und der Nachteil einer dem Barbarischen noch nicht völlig entfremdeten Jugendlichkeit. Meines Erachtens ist es ein schwerer Fehler der bisherigen medizinischen Psychologie gewesen, daß sie jüdische Kategorien, die nicht einmal für alle Juden verbindlich sind, unbesehen auf den christlichen Germanen oder Slawen verwandte. Damit hat sie nämlich das kostbare Geheimnis des germanischen Menschen, seinen schöpferisch ahnungsvollen Seelengrund als kindisch-banalen Sumpf erklärt, während meine warnende Stimme durch Jahrzehnte des Antisemitismus verdächtigt wurde. Diese Verdächtigung ist von Freud ausgegangen. Er kannte die germanische Seele nicht, so wenig wie alle seine germanischen Nachbeter sie kannten. Hat sie die gewaltige Erscheinung des Nationalsozialismus, auf den eine ganze Welt mit erstaunten Augen blickt, eines Besseren belehrt?[19]

Es erscheint mir äußerst ungerecht, wenn man die sachlich berechtigte Kritik an der Psychoanalyse mit dieser Art von Kritik in einen Topf wirft.

Manche der frühen Kritiker der Psychoanalyse erkannten klar die Schwächen der Freudschen Theorien; von Analytikern wurden sie oft als bornierte Dummköpfe dargestellt, die sich vergeblich gegen die Entdeckungen eines Genies sträubten.

Henry Ellenberger, der sorgfältig die Geschichte der Psychoanalyse untersuchte, weist auf zwei Hauptzüge der *psychoanalytischen Legende* hin:

Der erste ist das Thema vom einsamen Helden, der gegen ein Heer von Feinden kämpft, wobei er den Schlingen und Pfeilen des schmählichen Geschicks ausgesetzt ist, am Ende aber triumphiert. Die Legende übertreibt das Ausmaß und die Rolle des Antisemitismus, der Feindseligkeit der akademischen Welt und der angeblichen viktorianischen Vorurteile erheblich. Der zweite Zug der Freud-Legende besteht darin, daß sie den größten Teil der wissenschaftlichen und kulturellen Umwelt unter den Tisch fallen läßt, in der sich die Psychoanalyse entwickelt hat, daher stammt das Thema von der absoluten Originalität der Leistungen, wobei dem Helden das Verdienst für die Leistungen seiner Vorgänger, Mitarbeiter, Schüler, Rivalen und Zeitgenossen zugeschrieben wird.

Wenn wir die Legenden beiseitelassen, bekommen wir die Möglichkeit, die Fakten in einem anderen Licht zu sehen. Es zeigt sich, daß Freud die durchschnittliche Karriere des zeitgenössischen Akademikers in Mitteleuropa durchlaufen hat, eine Laufbahn, deren Beginn durch Antisemitismus nur wenig behindert wurde, und zu der nicht mehr Rückschläge gehörten, als bei vielen anderen. Freud lebte zu einer Zeit, in der die wissenschaftliche Polemik in einem heftigeren Ton ausgetragen wurde als heute, und er hatte nie unter so hochgradiger Feindseligkeit zu leiden wie z. B. Pasteur und Ehrlich. Die übliche Legende schreibt andererseits Freud vieles von dem zu, was Herbart, Fechner, Nietzsche, Meynert, Benedikt und Janet zukommt, und sie übersieht die Arbeit früherer Erforscher des Unbewußten, der Träume und der Sexualpathologie. Vieles, was Freud zugeschrieben wird, war seinerzeit diffus vorhandene Überlieferung; seine Rolle bestand darin, diese Ideen zu kristallisieren und ihnen eine originelle Form zu geben.[20]

Der Umgang mit Kritik an der Psychoanalyse

Da die Psychoanalyse für viele Anhänger einen religionsartigen oder sektenähnlichen Charakter hatte, ist es nicht verwunderlich, daß sachlich berechtigte Kritik an den Theorien und Methoden der Analyse nicht ernstgenommen, sondern als Widerstand gegen unbequeme Wahrheiten angesehen wurde. Wenn Analytiker sich etwa von besonders fragwürdigen Behauptungen Freuds über die frühkindliche Sexualität distanzierten, wurde dies als opportunistische Anpassung an die öffentliche Meinung, als eine Art von *Verrat* an schwer erkämpften, geheiligten Wahrheiten betrachtet. Freud schreibt über den Widerstand gegen seine Psychoanalyse:

Wenn es richtig war, daß die von mir aufgedeckten Zusammenhänge dem Bewußtsein der Kranken durch innere affektive Widerstände ferngehalten wurden, so mußten sich diese Widerstände auch bei den Gesunden einstellen, sobald man ihnen das Verdrängte durch Mitteilung von außen zuführte. Daß diese letzteren die affektiv gebotene Ablehnung durch intellektuelle Begründung zu motivieren verstanden, war nicht verwunderlich (...). Der Unterschied war nur, daß man bei den Kranken über Pressionsmittel verfügte, um sie ihre Widerstände einsehen und überwinden zu lassen, bei den angeblich Gesunden solcher Hilfen aber entbehrte.[21]

Glücklicherweise besaßen die Psychoanalytiker nicht diese „Pressionsmittel“, um auch „angeblich Gesunde“ zu ihrer Weltanschauung zu bekehren!

Ein etwas harmloseres, aber dennoch wirkungsvolles Argument gegen Kritik lautete: Wer sich nicht selbst einer Analyse unterzogen hat oder sie ausübt, kann sich kein Urteil darüber bilden, was in einer solchen Behandlung geschieht; er hat also kein Recht, Kritik zu üben. Dieses Argument wirkt freilich nicht sehr überzeugend, wenn die Kritik aus den Reihen der Psychoanalytiker kommt. Aber auch die „Abfallsbewegungen“, die von Alfred Adler und Carl Gustav Jung ausgingen, führt Freud auf irrationale Widerstände zurück:

Die Enttäuschung, welche sie mir bereiteten, wäre zu vermeiden gewesen, wenn man besser auf die Vorgänge bei den in analytischer Behandlung Stehenden geachtet hätte. Ich verstand es nämlich sehr wohl, daß jemand bei der ersten Annäherung an die unliebsamen analytischen Wahrheiten die Flucht ergreifen kann, hatte auch selbst immer behauptet, daß eines jeden Verständnis durch seine eigenen Verdrängungen aufgehalten wird (respektive durch die sie erhaltenden Widerstände), so daß er in seinem Verhältnis zur Analyse nicht über einen bestimmten Punkt hinauskommt. Aber ich hatte es nicht erwartet, daß jemand, der die Analyse bis zu einer gewissen Tiefe verstanden hat, auf sein Verständnis wieder verzichten, es wieder verlieren könne. Und doch hatte die tägliche Erfahrung an den Kranken gezeigt, daß die totale Reflexion der analytischen Erkenntnisse von jeder tieferen Schicht her erfolgen kann, an welcher sich ein besonders starker Widerstand vorfindet; hat man bei einem solchen Kranken durch mühevolle Arbeit erreicht, daß er Stücke des analytischen Wissens begriffen hat und wie seinen eigenen Besitz handhabt, so kann man an ihm doch erfahren, daß er unter der Herrschaft des nächsten Widerstandes alles Erlernte in den Wind schlägt und sich wehrt wie in seinen schönsten Neulingstagen. Ich hatte zu lernen, daß es bei Psychoanalytikern ebenso gehen kann wie bei den Kranken in der Analyse.[22]

Freud behauptete, Adler und Jung hätten sich mit ihren Theorien von den Tatsachen entfernt;[23] dabei übersah er, wie ungesichert seine eigenen Schlußfolgerungen und die angeblichen Tatsachen waren, auf denen seine Theorie beruhte.

Manés Sperber[24], ein Schüler Alfred Adlers, weist darauf hin, daß die psychoanalytische Methode des Umgangs mit Kritik durch Diffamierung des Kritikers wie eine ansteckende Krankheit nachwirkte. Manche Opfer dieses Verfahrens behandelten später Kritiker in den eigenen Reihen in der gleichen Art und Weise.

Die von Freud begründete unrühmliche Tradition der Kritikabwehr wurde in neuerer Zeit unter anderem von Alexander Mitscherlich fortgeführt. Mitscherlich glaubt, er könne die aggressive Ablehnung der Psychoanalyse auf kindliche Erfahrungen des Kritikers mit Erwachsenen des „Schläger- und Straftypus" zurückführen:

Wir schließen weiter, es sei der Neid auf entgangenes Glück bei der Wahrheitssuche, der sich in der aggressiven Ablehnung psychoanalytischer Hypothesen offenbart. Aus Hypothesen werden Zumutungen, auf die mit kaum überwindlicher Abneigung reagiert wird. Und über sie kann man sich kollektiv wesentlich einfacher und unmittelbarer verständigen als über die in der Psychoanalyse neu zutage getretene Wahrheit. Auch in deren Ablehnung, in der Unbereitschaft, hier infantiles traumatisches Material hochkommen zu lassen, ist man sich von vorbewußt zu vorbewußt recht einig.[25]

Nach der Ansicht von Mitscherlich haben die Deutschen eine kollektive Antipathie gegen die Psychoanalyse entwickelt:

Wir wollen festhalten und keine Abstriche dulden: diese von Sigmund Freud begründete Wissenschaft der Psychoanalyse ist den Deutschen – nicht einer großen Zahl, den meisten Deutschen, nein: *den* Deutschen – fremd und unzugänglich geblieben.[26]

Ob diese Behauptung deshalb mit soviel Nachdruck verkündet wird, um ihre Fragwürdigkeit zu übertönen? Es erscheint mir schon etwas grotesk, wenn Alexander Mitscherlich, ein Deutscher, dessen Bücher in deutschen Verlagen in großer Auflage gedruckt und von deutschen Lesern eifrig gekauft wurden, behauptet, die Deutschen hätten eine Antipathie gegen die Psychoanalyse. Der Mythos vom einsamen Helden, der in seiner Umwelt auf keinerlei Verständnis rechnen darf, scheint hier nachzuwirken.

Mitscherlich beklagt sich in seinem Buch „Versuch, die Welt besser zu bestehen“[27] bitter darüber, daß gegen die Psychoanalyse „mit nicht wählerischen Mitteln polemisiert“ werde, und zwar häufig von Personen, die dazu keinerlei Kompetenz besäßen. In dem gleichen Buch bezeichnet er die Verhaltenstherapie als „Psychomechanik“, „Primitivpsychologie“, „Rattenpsychologie“ und sogar als „Gehirnwäsche“. Es scheint fast, als wolle Mitscherlich Freuds Projektionstheorie bestätigen, wonach eigene aggressive Impulse oft anderen Personen oder Gruppen zugeschrieben werden.

Ich möchte die Tendenz, anderen zweifelhafte Motive zu unterstellen, noch an einem weiteren Beispiel zeigen. Mitscherlich behauptet, der naturwissenschaftlichen Forschung lägen infantile voyeuristische Motive zugrunde. Er sieht dies bestätigt durch „die zwanghafte Sucht, alle wissenschaftlichen Erkenntnisse in Diapositive mit graphischen Kurven umzusetzen“.[28] Die Psychoanalyse sei dagegen als einzige Wissenschaft vom Menschen nicht dieser „voyeuristischen Perversion“ verfallen. Ganz im Gegensatz zu Mitscherlich meinte allerdings ein New Yorker Analytiker, der sich in Interviews mit der Journalistin Janet Malcolm unter dem Pseudonym „Aaron Green“ sehr freimütig über den eigenen Berufsstand äußerte, voyeuristische Motive spielten sehr wohl bei Psychoanalytikern eine wesentliche Rolle für ihr berufliches Handeln:

Die Psychoanalytiker bekennen sich ganz offen zu dem defensiven Wohlbehagen, das die analytische Schweigsamkeit, Passivität und Neutralität ihnen verschaffen. Das kommt bestimmten innigsten Wünschen entgegen. Psychoanalytiker sind überdies Voyeure: Sie stehen am Fenster, sie sehen sich an dem Gewoge im Schlafzimmer satt, sie erregen sich sehr, aber mitmischen möchten sie nicht. Die Motive, die einen zum Analytikerberuf drängen, sind unübersehbar, und sie sind nicht nobel. Es sind gemeine und primitive Motive. Als ob – beeile ich mich hinzuzufügen –, als ob nicht alles menschliche Verhalten in finsteren Schichten wurzelte! Aus solchen Motiven speist sich jedenfalls der Wunsch, Analytiker zu werden. Beteuerungen wie: ‚Ich bin Analytiker geworden, weil mich das Seelenleben interessiert' oder ‚weil ich anderen helfen möchte' sind kaum zureichend, und kein geistig redlicher Psychoanalytiker würde sich je damit zufriedengeben – nie und nimmer.[29]

Hat Mitscherlich seine eigenen voyeuristischen Impulse verleugnet und auf andere Menschen projiziert, als er den Naturwissenschaftlern Voyeurismus unterstellte? Die Antwort auf diese Frage überlasse ich meinen psychoanalytischen Kollegen, die mit den unbewußten Motiven von Analytikern sicherlich besser vertraut sind als der Autor dieses Buches.

Glücklicherweise ist heutzutage die Abwehr von Kritik an der Psychoanalyse durch Diffamierung des Kritikers nicht mehr so weit verbreitet. Allerdings ersparen sich manche Analytiker eine inhaltliche Auseinandersetzung mit kritischen Argumenten, indem sie diese Argumente als „positivistisch" bezeichnen und behaupten, sie seien dem wissenschaftlichen Status der Psychoanalyse nicht angemessen. Es gibt aber auch Analytiker, die offen für die Argumente anderer psychologischer Richtungen sind und eine selbstkritische Einstellung gegenüber den eigenen Theorien und Methoden befürworten (z. B. Albert Görres und Paul Wachtel).[30]

Zusammenfassung

Die Ansicht ist weit verbreitet, Freuds Werke seien von seinen Zeitgenossen um die Jahrhundertwende entweder ignoriert oder entrüstet zurückgewiesen worden. Diese von Freud begründete und von anderen Psychoanalytikern verbreitete Legende hält einer genauen Nachprüfung nicht stand. Wichtige Werke von Freud wurden in vielen Fachzeitschriften und anderen Publikationen ausführlich besprochen. Viele Kollegen standen Freuds Theorien und Methoden durchaus wohlwollend gegenüber, auch wenn sie seinen Schlußfolgerungen nicht in allen Punkten zustimmten. Dies gilt auch für Freuds Arbeiten über die kindliche Sexualität. In Fachkreisen riefen seine Arbeiten zur Sexualtheorie keineswegs einen Sturm der Entrüstung hervor, wie nachträglich oft behauptet wurde. Die Kritik an der Freudschen Psychoanalyse war in vielen Fällen sachlich gut begründet: So wurde die Willkürlichkeit vieler Deutungen und die suggestive Beeinflussung der Patienten im Sinne der psychoanalytischen Theorie kritisiert. Je stärker sich die Psychoanalyse zu einer Art von Glaubensgemeinschaft entwickelte, die abweichende Meinungen nicht duldete, desto heftiger wurde auch die Kritik an Freud und der „psychoanalytischen Bewegung".

Kritik an der Psychoanalyse wurde von Freud und seinen Anhängern oft als irrationaler Widerstand gegen unbequeme Wahrheiten gedeutet. Diese Methode der Abwehr von Kritik benutzte Freud auch in der Auseinandersetzung mit den „Abfallsbewegungen" von Alfred Adler und Carl Gustav Jung. In neuerer Zeit wurde diese fragwürdige Art des Umgangs mit Kritik unter anderem von Alexander Mitscherlich verwendet. Heute scheint aber die Bereitschaft von Psychoanalytikern zu wachsen, sich ernsthaft mit kritischen Argumenten auseinanderzusetzen und auf persönliche Unterstellungen zu verzichten.

13. Zusammenfassende Einschätzung der Bedeutung von Freuds Werk

Nach der Untersuchung wichtiger theoretischer Konzepte und praktischer Therapiemethoden von Freud möchte ich auf die anfangs gestellte Frage zurückkommen: Ist Sigmund Freud einer der bedeutendsten Denker unseres Jahrhunderts? Gehört er zu den „Heroen der Menschheit“, zu den „größten Gestalten aller Zeiten“, wie der amerikanische Soziologe David Riesman[1] meint? Oder handelt es sich bei der Psychoanalyse um den „Aberglauben des Jahrhunderts“ – so der Wissenschaftsjournalist Dieter E. Zimmer[2]?

Um eine fundierte Antwort auf die Frage nach dem wissenschaftlichen Status von Freuds Werk geben zu können, habe ich einen großen Teil der Freudschen Schriften durchgearbeitet, von den „Studien über Hysterie“ aus dem Jahre 1895 bis zu dem „Abriß der Psychoanalyse“, den Freud kurz vor seinem Tode im Jahre 1939 schrieb. Im Rahmen dieser Arbeit war es natürlich nicht möglich, auf alle Aspekte von Freuds Gesamtwerk einzugehen. Ich habe z. B. darauf verzichtet, seine Theorie des Witzes[3] darzustellen und zu diskutieren. (Eine kritische Besprechung der Freudschen Witztheorie findet man bei Kiener[4] und Eysenck und Wilson[5].) Ich bin auch nicht auf Freuds Deutungen künstlerischer Produktionen eingegangen. Bei den Arbeiten, in denen sich Freud mit künstlerischen und kulturgeschichtlichen Phänomenen beschäftigt, geht er von den gleichen theoretischen Modellen aus wie in seiner therapeutischen Arbeit, und er benutzt die gleichen Deutungsmethoden.

Die hier vorgetragene Kritik an Freuds Theorien und Methoden bezieht sich nicht auf nebensächliche, sondern auf zentrale Aspekte seines Werkes; sie bezieht sich nicht nur auf eine bestimmte Schaffensperiode, sondern auf Freuds Gesamtwerk. Ich habe meine Thesen zumeist mit ausführlichen Zitaten aus Freuds Schriften belegt. Der kritische Leser hat also die Möglichkeit nachzuprüfen, ob diese Zitate aus dem Zusammenhang gerissen sind oder ob sie angemessen die Gesamttendenz von Freuds Arbeit wiedergeben.

Nach der kritischen Analyse von Freuds Theorie und Praxis bin ich nicht in der Lage, in die Lobeshymnen auf den großen Entdecker des

Unbewußten einzustimmen, der allen Widerständen aus seiner Umwelt zum Trotz nur der reinen Wahrheit verpflichtet war. *Im Gegensatz zu dem weit verbreiteten Heldenmythos bin ich der Meinung, daß Freud zu den am meisten überschätzten Denkern unseres Jahrhunderts gehört*. So wird Freud z. B. von seinen Anhängern fälschlicherweise die Entdeckung des Unbewußten und die Entdeckung der kindlichen Sexualität zugeschrieben. Die Legende von der absoluten Neuartigkeit der Freudschen Erkenntnisse wurde inzwischen durch gründliche historische Untersuchungen deutlich korrigiert (vgl. Kapitel 12).[6]

Im Gegensatz zu der konservativen, rein biologisch orientierten Psychiatrie betonte Freud die Bedeutung psychischer Vorgänge – und darin liegt sicherlich seine Bedeutung. Er nahm seine neurotischen Patienten ernster als viele andere Ärzte, indem er ihnen aufmerksam zuhörte und sich ausführlich mit ihrer Lebensgeschichte, ihren Gefühlen, Gedanken und Phantasien beschäftigte. Aber leider nahm er seine Patienten nicht ernst genug; allzu oft betrachtete er ihre Äußerungen nur als vordergründiges Material, hinter dem die eigentlichen „wahren" Bedeutungen verborgen waren. Statt seinen Patienten zu helfen, ihre Handlungen, Gefühle und Phantasien besser zu verstehen, drängte er ihnen seine eigenen Deutungen und Theorien auf. Die Fälle des ‚kleinen Hans' und des ‚Wolfsmanns' zeigen diese Eigenart der psychoanalytischen Methode besonders deutlich. Die Patienten hatten dann nur noch die Wahl, die Therapie abzubrechen oder ihre „Widerstände" zu überwinden und sich zur psychoanalytischen Lehre bekehren zu lassen.

In einer Zeit der sexuellen Doppelmoral plädierte Freud für größere Offenheit und Ehrlichkeit in bezug auf die menschliche Sexualität – auch das ist eine große Leistung. Er erkannte, daß sexuelle Probleme und Wünsche der herrschenden Moral entsprechend oft nur in indirekter, verkleideter Form geäußert wurden. Freud verabsolutierte diese Erkenntnisse über die verborgene Bedeutung sexueller Wünsche allerdings so stark, daß er in jedem Füllfederhalter und jedem Mauseloch ein Sexualsymbol sah. Der Traum des Wolfsmanns und seine Deutung ist ein Musterbeispiel dafür, wie Freud ein neutrales Material willkürlich mit sexuellen Bedeutungen verknüpfte.

Ich kann natürlich nicht erwarten, einen entschiedenen Anhänger der Psychoanalyse durch irgendwelche Argumente von der Falschheit oder Fragwürdigkeit vieler „Erkenntnisse" von Freud zu überzeugen. Er wird entweder empört reagieren und meine Kritik auf unbewußte pathologische Motive zurückführen. Oder er wird ironisch lächelnd darauf hinweisen, daß das geniale Werk Freuds selbstverständlich den Neid und die Mißgunst weniger bedeutender Menschen wecken muß.

Für alle, die nicht dogmatisch darauf festgelegt sind, Freud als intellektuellen Helden zu verehren, möchte ich noch einmal die wichtigsten Ergebnisse der Analyse von Freuds Theorie und Praxis zusammenfassen:

1. Freud glaubte, es sei ihm gelungen, die Psychoanalyse zu einer Naturwissenschaft nach dem Vorbild der Physik auszugestalten. Seine theoretischen Konzepte über den Aufbau und die Funktionen des „psychischen Apparates" entsprechen aber nicht den Standards der Naturwissenschaften. Heutzutage besteht eine relativ breite Übereinstimmung zwischen Kritikern und Anhängern der Psychoanalyse in der Ablehnung der naturwissenschaftlichen (oder genauer: der pseudo-naturwissenschaftlichen) Theorien Freuds.

2. Wenn man die Psychoanalyse als hermeneutisches, sinnverstehendes Verfahren betrachtet, dann hängt ihr wissenschaftlicher Status entscheidend von der Zuverlässigkeit der Deutungsmethode ab. Bei der Analyse der Freudschen Deutungsmethode habe ich darauf hingewiesen, daß aufgrund der unbestimmten Deutungsregeln die Gefahr der Willkürlichkeit ausgesprochen groß ist. Weiterhin wurde aufgezeigt, daß in der analytischen Behandlungssituation der Analysand direkt und indirekt im Sinne der psychoanalytischen Theorie indoktriniert wird; dadurch können ständige Scheinbestätigungen der Theorie produziert werden. Äußerungen des Analysanden, die der Theorie seines Therapeuten widersprechen, werden häufig nicht ernstgenommen, sondern als „Widerstand" weginterpretiert.

Am Beispiel von Freuds Verführungstheorie der Hysterie und der Fälle des kleinen Hans und des Wolfsmanns wurde die Berechtigung dieser Kritik der psychoanalytischen Interpretationsmethode nachgewiesen. Besonders auffällige Merkmale der Freudschen Methode sind logisch nicht korrekte Schlußfolgerungen und die Verwechslung von Interpretationen mit Tatsachen. Der Fall Schreber zeigt, wie stark die in der Psychoanalyse übliche Beschränkung auf die Berichte einer Person den Erkenntnisfortschritt hemmen kann.

3. Die Analyse von Freuds Theorie der kindlichen Entwicklung hatte

zum Ergebnis, daß sie in den meisten Punkten durch die direkte Beobachtung von Kindern nicht gestützt wird. Verschiedene Untersuchungen zeigen, daß die Bedeutung der Ernährung des Säuglings und der Reinlichkeitserziehung für die Charakterentwicklung stark überschätzt wurde. Genauso fragwürdig ist die Behauptung, die psychische Entwicklung der Frau werde entscheidend durch ihren angeblichen Penisneid bestimmt. Das Konzept des Ödipus-Komplexes, den Freud für die bedeutsamste Entdeckung der Psychoanalyse hielt, hat mehr die Merkmale eines Mythos als einer wissenschaftlichen Theorie: Aus unsicheren Interpretationen leitet Freud weitgehende Spekulationen über die Urgeschichte der Menschheit ab. Es gibt auch keinerlei Beweise für eine biologisch bedingte Latenzphase der Sexualentwicklung nach dem sechsten Lebensjahr. Schließlich erscheint die Behauptung, neurotische Störungen würden stets in den ersten sechs Lebensjahren erworben, nach den Ergebnissen von Längsschnittuntersuchungen zur psychischen Entwicklung äußerst zweifelhaft.

4. Die klassische psychoanalytische Behandlung ist ein zeitlich sehr aufwendiges Verfahren, dessen Erfolgsaussichten sehr umstritten sind. Sofern durch eine Psychoanalyse konstruktive Veränderungen bei Patienten bewirkt werden, könnten dafür eher allgemeine therapeutische Faktoren als spezifische psychoanalytische Techniken verantwortlich sein. Diese These wird sowohl durch die Untersuchung von Freuds Fall des Wolfsmanns als auch durch vergleichende Studien über verschiedene Therapiemethoden gestützt. Die Wirksamkeit von analytisch orientierten Kurztherapien wurde in einigen empirischen Untersuchungen nachgewiesen; die analytische Therapie bewirkte in etwa die gleichen Effekte wie andere Therapieformen und wie die Beratung durch menschlich qualifizierte Helfer ohne Therapieausbildung.

5. Im Gegensatz zu vielen Äußerungen von Freud und seinen Anhängern wurde die Psychoanalyse nicht so feindselig und verständnislos aufgenommen, wie die psychoanalytische Legende dies behauptet. Die Kritik an der Psychoanalyse wurde allerdings um so stärker, je mehr sich die „psychoanalytische Bewegung“ zu einer Art von Glaubensgemeinschaft entwickelte.

Zu den unrühmlichsten Aspekten der Analyse gehört meiner Ansicht nach ihr Umgang mit Kritik. Auch sachlich und methodisch berechtigte Kritik wurde häufig nicht ernst genommen, sondern als irrationaler

Widerstand gedeutet. Die Kritik wurde manchmal geradezu als Beweis für die Wahrheit der kritisierten Thesen angesehen. Manche Analytiker glaubten auch, bei ihren Kritikern neurotische Störungen oder Perversionen diagnostizieren zu können. Diese Art der Abwehr von Kritik wird heute allerdings auch von vielen Analytikern abgelehnt.

Angesichts der vielen Schwächen des Freudschen Systems ist es eine interessante Frage, wieso die Psychoanalyse nach wie vor eine so große Anziehungskraft auf viele Menschen ausübt. Einer der Gründe dafür ist sicherlich, daß die Analyse vorgibt, eine umfassende Erklärung des menschlichen Verhaltens geben zu können. Nach Erich Fromm[7] verspricht die Freudsche Psychoanalyse dem modernen Menschen, daß er die Wahrheit über sich selbst erkennt und daß diese Wahrheit ihn frei macht. Der Wissenschaftsjournalist Dieter E. Zimmer schreibt in seinem kritischen Dossier über die Psychoanalyse:

Es ist klar, was der Psychoanalyse zu diesem durchschlagenden Erfolg verholfen hat: Mit ihren jeden ordinären Menschenverstand stark befremdenden, also hochgradig konterintuitiven und im Grunde unverstehbaren Erklärungen verschafft sie ihrem Adepten den vollkommenen Durchblick oder doch die Illusion eines solchen, und das ohne ihm viel eigenen Aufwand und unbequeme Pflichten aufzuerlegen. Wer mit einigen ihrer Begriffe zu hantieren weiß, signalisiert schon, daß er etwas bis auf den Grund durchschaut hat. Die einzigen Gedankengebäude, die ähnliches leisten, sind der Marxismus und die Religion. Es wird immer Menschen geben, die Fragen stellen wie: Was ist die Malerei eigentlich? – und die zufrieden sind, antworten zu können: eine Sublimierung, was auch immer das sein mag; und die es mit klammheimlicher Genugtuung erfüllt, es ganz genau zu wissen: eine Sublimierung der kindlichen Sexuallust am Verschmieren von Kot.

Dieser totale Erklärungseffekt macht die Psychoanalyse so immun gegen Anfechtungen. Die sonstigen Wissenschaften haben höchstens bescheidene, vorläufige Theoriechen anzubieten, gegenüber Freuds heroischem Gewaltstreich, allein und aus dem Stand eine totale Theorie der menschlichen Psyche zu liefern. Wenn vielleicht, wahrscheinlich sogar, ihre Grundannahmen auch falsch und nur noch ein Hindernis für jeden Fortschritt des Wissens über die Gesetze der Seele sind – sie bleibt dennoch einzigartig verführerisch.[8]

Die weite Verbreitung der Psychoanalyse hängt aber sicherlich nicht nur damit zusammen, daß sie eine umfassende Lehre anzubieten hat, sondern auch mit der Organisationsform dieser Bewegung. Jerome D. Frank[9] bespricht ausführlich einige besondere Merkmale der psychoanalytischen Ausbildung: Das Ausbildungsprogramm ist langwierig und verlangt von dem Kandidaten beträchtliche finanzielle Opfer. Neben theoretischen Seminaren ist die Lehranalyse ein wesentlicher Teil der Ausbildung. Frank stellt die Indoktrinationskraft dieses Verfahrens heraus:

Unabhängig von ihren Wirkungen auf die Persönlichkeit des Kandidaten ist die Lehranalyse eine starke Methode der Indoktrination. Der Kandidat unterzieht sich dabei einer Behandlung nach annähernd der gleichen Technik, wie sie auch auf Patienten angewandt wird (...). Sie erstreckt sich auf eine detaillierte Prüfung seiner gegenwärtigen Gedanken und Gefühle in bezug auf seine Lebensgeschichte, die der Lehranalytiker durchgängig nach den Lehren des Instituts interpretiert. Da die Initiative im Vorbringen des Materials beim Kandidaten liegt, fördert die Methode Improvisation und Beteiligung. Die Lehranalyse dauert mehrere Jahre, in denen dasselbe Material wiederholt besprochen wird. Wie wir gesehen haben, sind Improvisation, Beteiligung und Wiederholung wichtig, um Einstellungsänderungen zu erzielen. Die Lehranalyse ist außerdem nicht abgeschlossen, solange der Kandidat nicht Erinnerungen, Gedanken und Gefühle in einer Form vorbringt, in der sie die Lehren des Instituts bestätigen.[10]

Auch der englische Psychoanalytiker Edward Glover weist auf die Gefahren der Lehranalyse hin:

Es ist kaum zu erwarten, daß ein Student, der einige Jahre unter den künstlichen und manchmal treibhausartigen Bedingungen einer Lehranalyse verbracht hat und dessen berufliche Karriere vom zur Befriedigung seines Lehranalytikers überwundenen

„Widerstand" abhängt, wirklich in der Lage sein kann, seine wissenschaftliche Integrität gegen die Theorien und Praktiken des Analytikers zu verteidigen. Und je länger er in der Lehranalyse bleibt, desto weniger wahrscheinlich kann er das. Denn seinem Analytiker zufolge werden Einwände des Kandidaten gegen Interpretationen als „Widerstände" eingestuft. Kurz, der Lehrsituation wohnt die Tendenz zu fortgesetztem Irrtum inne.[11]

Der Kandidat hat häufig auch im privaten Bereich hauptsächlich Kontakte mit anderen Ausbildungskandidaten, die sich ebenfalls in Analyse befinden. Der Abschluß der Ausbildung und die Anerkennung als Analytiker „gewährt nicht nur einen hohen Status, sondern sorgt auch für das Zufließen von Patienten-Überweisungen und damit für finanzielle Sicherheit".[12] Die theoretische Analyse der psychoanalytischen Ausbildung von Frank wird durch den Bericht von Dörte v. Drigalski[13] über ihre Lehranalyse eindrucksvoll bestätigt. Wer sehr viel Zeit, Geld und Anstrengung in eine Ausbildung investiert, wird sich im allgemeinen bemühen, diesen Aufwand vor sich selbst und anderen zu rechtfertigen. Es ist daher durchaus verständlich, daß Personen in analytischer Ausbildung ihr System als das weitaus beste darstellen und andere Therapieformen als oberflächlich, manipulativ und inhuman abqualifizieren.[14]

Die Struktur der Ausbildung zum Psychoanalytiker macht einen Wandel in den Theorien und Methoden zwar nicht unmöglich, aber sie erschwert ihn erheblich. Die Spannung, die durch die Diskrepanz zwischen psychoanalytischen Dogmen und neuen Erfahrungen immer wieder entstand, führte mehrfach zu dramatischen Abspaltungsbewegungen von Gruppen mit abweichenden Meinungen. *Der Preis für die Sicherheit, die das Festhalten an überkommenen freudianischen Positionen bietet, ist die Erstarrung der psychoanalytischen Theorie und Praxis und der Verlust des Kontaktes zu neuen Entwicklungen im Bereich der Psychologie.*

Es gibt heute grundlegende Meinungsverschiedenheiten zwischen verschiedenen Richtungen der Psychoanalyse. Manche konservativen Psychoanalytiker betrachten alle Abweichungen von der klassischen psychoanalytischen Langzeitbehandlung als eine Verwässerung der „reinen" Psychoanalyse. Alice Miller[16] vertritt in ihrem Konzept einer

„pädagogikfreien Psychoanalyse“ den Standpunkt, Freuds bedeutsamste wissenschaftliche Leistung sei seine frühe Verführungstheorie der Hysterie, die er später wieder verwarf (vgl. Kapitel 5); seine Theorie des Ödipuskomplexes würde dagegen die Bedeutung realer frühkindlicher Traumata verschleiern. Ganz im Gegensatz zu dem Standpunkt von Alice Miller halten es andere Psychoanalytiker für wichtig, das gegenwärtige Verhalten des Patienten und seine Auswirkungen auf die soziale Umwelt stärker zu beachten. Einer der konsequentesten Vertreter eines „interpersonalen Modells“ der Entstehung und Behandlung psychischer Störungen ist der New Yorker Psychoanalytiker Paul L. Wachtel[17], der für die Integration psychoanalytischer und verhaltenstherapeutischer Methoden plädiert. Möglicherweise kommt es in der Praxis häufiger vor, daß Methoden aus anderen Therapieformen in die psychoanalytische Behandlung integriert werden. So erzählte mir vor Jahren eine Psychoanalytikerin, bei Jugendlichen würde sie auch mit der verhaltenstherapeutischen Methode des Rollenspiels arbeiten; sie habe damit gute Erfahren gemacht. Offiziell dürfe sie dies allerdings nicht angeben, denn dann würde die Krankenkasse die Kosten nicht übernehmen.

Die Zukunft wird zeigen, ob die auf analytische „Reinheit“ und auf Abgrenzung von anderen Therapieformen bedachte orthodoxe Richtung der Psychoanalyse ihre Bedeutung behalten wird oder ob neue Richtungen der Psychoanalyse, die für die Erkenntnisse anderer Therapieschulen offen sind, an Einfluß gewinnen werden.

Zusammenfassung

Aufgrund der vielen Schwächen der Theorien und Methoden Freuds wird die Meinung vertreten, daß die wissenschaftliche und praktische Bedeutung der Freudschen Psychoanalyse häufig sehr stark überschätzt wurde. Die Anziehungskraft der Psychoanalyse hat anscheinend nur wenig mit dem Wahrheitsgehalt psychoanalytischer Hypothesen zu tun; sie scheint vielmehr auf der Illusion zu beruhen, daß die Psychoanalyse eine umfassende Erklärung des menschlichen Erlebens und Verhaltens bietet, daß sie besonders tiefe und geheimnisvolle Wahrheiten enthüllt und daß ihre therapeutischen Wirkungen besonders gründlich sind.

Die Struktur der psychoanalytischen Ausbildung begünstigt ein dogmatisches Festhalten an traditionellen Lehrmeinungen und Behandlungsmethoden; insbesondere die Lehranalyse wird von verschiedenen Kritikern als ein wirksames Indoktrinationsverfahren angesehen, daß zur Übernahme der jeweils herrschenden theoretischen Konzepte führt. Diese Bedingungen ermöglichen das Überdauern von Theorien und Therapiemethoden, deren wissenschaftlicher und praktischer Nutzen nicht nachgewiesen ist.

Während früher Gruppen mit abweichenden Meinungen aus der Gemeinschaft der Psychoanalytiker ausgeschlossen wurden, ist dies in den letzten Jahrzehnten nicht mehr der Fall. Die heutige Situation in der Psychoanalyse ist durch ein Nebeneinander verschiedener Richtungen gekennzeichnet, die in unterschiedlichem Ausmaß von Freuds Grundannahmen abweichen.

Anmerkungen

Vorwort

1 Kritik psychoanalytischer Interpretationen. Psychologie heute 1975, 2 (7), 12–16

1. Einleitung

1 Eine Schwierigkeit der Psychoanalyse. 1917, Gesammelte Werke Band XII, S. 2–12
Im folgenden wird Freud nach den Gesammelten Werken Band I–XVII zitiert, die zwischen 1940 und 1968 in London (Imago) und Frankfurt am Main (Fischer) veröffentlicht wurden. Die Jahreszahl nach dem Titel der Arbeit gibt an, wann das betreffende Werk zum erstenmal publiziert wurde.
2 Sigmund Freud. Leben und Werk. Frankfurt am Main: Fischer, 1969, S. 9
3 Freud und die Psychoanalyse. Frankfurt am Main: Suhrkamp, 1965, S. 109–110
4 Du sollst nicht merken. Frankfurt am Main: Suhrkamp, 1981, S. 129
5 Eysenck, H. J. & Wilson, G. D. Nachwort. In: Eysenck, H. J. & Wilson, G. D. (Hrsg.) Experimentelle Studien zur Psychoanalyse Sigmund Freuds. Wien: Europa, 1979, S. 468
6 Dieter E. Zimmer: Der Aberglaube des Jahrhunderts. DIE ZEIT Nr. 45/5. 11. 1982, S. 21
7 Drigalski, D. v. Blumen auf Granit. Frankfurt am Main: Ullstein, 1980
8 Vgl. z. B. Lorenzer, A. Sprachzerstörung und Rekonstruktion. Frankfurt am Main: Suhrkamp, 1973
9 Psychoanalyse und Verhaltenstherapie. Stuttgart: Klett-Cotta, 1981

2. Erkenntnistheoretische Positionen in der Psychoanalyse

1 Mannoni, O. Sigmund Freud in Selbstzeugnissen und Bilddokumenten. Reinbek: Rowohlt, 1971, S. 48
2 Abriß der Psychoanalyse. 1953, XVII, S. 80
3 Vgl. z. B. Habermas, J. Erkenntnis und Interesse. Frankfurt am Main: Suhrkamp, 1969
4 Mannoni, 1971, S. 57–58
5 Habermas, 1969

6 Die Interpretation. Frankfurt am Main: Suhrkamp, 1969
7 Sprachzerstörung und Rekonstruktion. Frankfurt am Main: Suhrkamp, 1973
8 1969, S. 300
9 Charakter und Analerotik. 1908, VII, S. 201–209
10 Zitiert nach Kiener, F. Empirische Kontrolle psychoanalytischer Thesen. In Pongratz, L. (Hrsg.) Handbuch der Psychologie, Band 8/2: Klinische Psychologie. Göttingen: Hogrefe, 1978, S. 1200
11 Vgl. z. B. Eschenröder, C. T. Probleme personenzentrierter Psychotherapie oder Wie man seine eigenen Hypothesen widerlegt, ohne es zu bemerken. GwG-info 47, Juli 1982, 60–70
12 Psychoanalyse – Hermeneutik oder Erfahrungswissenschaft? Psyche, 1973, 27, S. 841
13 Kiener, F. 1978, S. 1220

3. Freuds Modell des psychischen Apparates

1 1953, XVII, S. 67
2 1953, XVII, S. 67–68
3 1953, XVII, S. 69
4 Jenseits des Lustprinzips. 1920, XIII, S. 31
5 1953, XVII, S. 70–73
6 Neue Folge der Vorlesungen zur Einführung in die Psychoanalyse. 1933, XV, S. 101
7 Eysenck, H. J. Charakterologie, Schichtentheorie und Psychoanalyse: Eine Kritik. In Bracken, H. von und David, H. P. (Hrsg.) Perspektiven der Persönlichkeitstheorie. Bern: Huber, 1959, S. 255
8 Über die Psychogenese eines Falles von weiblicher Homosexualität. 1920, XII, S. 296
9 1920, XIII, S. 4
10 1920, XIII, S. 5
11 Das ökonomische Problem des Masochismus. 1924, XIII, S. 372
12 Vgl. Nuttin, J. Physikalische und biologische Modelle in der menschlichen Motivationslehre. Psychologische Rundschau, 1969, 20, 115–123
13 1930, XIV, S. 419–506
14 1953, XVII, S. 72
15 Jacobi, U., Selg, H. & Belschner, W. Triebmodelle der Aggression. In Selg, H. (Hrsg.) Zur Aggression verdammt? Stuttgart: Kohlhammer, 1971, S. 36 bis 52
16 Selg, H. Die Frustrations-Aggressions-Theorie. In Selg, H. (Hrsg.) 1971, S. 28f.
17 Kuiper, P. C. Psychoanalyse – modern oder veraltet? Stuttgart: Klett, 1975, S. 35

4. Die psychoanalytische Methode der Interpretation

1 Die Unvernünftigen sterben aus. Frankfurt am Main: Suhrkamp, 1973
2 Die Traumdeutung. 1900, II/III, S. 1–642
3 Abriß der Psychoanalyse. 1953, XVII, S. 88
4 Rezension von S. Freud, „Die Traumdeutung". In Cremerius, J. (Hrsg.) Die Rezeption der Psychoanalyse. Frankfurt am Main: Suhrkamp, 1981, S. 202f.
5 Erinnerungen, Träume, Gedanken. Zürich: Rascher, 1962, S. 163f.
6 Träumen Sie nach Freud oder nach Jung? Psychologie heute 8 (1981) (3), 30–36
7 1981, S. 203
8 1953, XVII, S. 92
9 Sigmund Freuds Psychoanalyse – Größe und Grenzen. München: dtv, 1981, S. 74
10 Grenzen der Erkenntnis. München: Goldmann, 1978, S. 156–177
11 1978, S. 178–179
12 Zur Psychopathologie des Alltagslebens. 1901, IV, S. 1–310
13 Norman, D. O. Fehlleistungen: Schaltfehler im Gehirn. Psychologie heute, 1980, 7 (8), 64–71
14 La Breque, M. Denkfehler und Denkfallen. Psychologie heute, 1980, 7 (9), 21–27
15 Haseloff, O. W. Zur Soziologie psychoanalytischen Wissens. Kölner Zeitschrift für Soziologie und Sozialpsychologie, 1962, 14, 39–58
16 Vgl. auch Bruder-Bezzel, A. Die Psychologie der kleinen Leute. Psychologie heute, 1982, 9 (7), 46–53
17 Über Psychoanalyse. 1910, VIII, S. 31
18 Cremerius, J. Die Bedeutung des Dissidenten für die Psychoanalyse. Psyche, 1982, 36, S. 499
19 Tausch, R. Gesprächspsychotherapie. Göttingen: Hogrefe, 1970, S. 33–43
20 Analyse der Phobie eines fünfjährigen Knaben. 1909, VII, S. 339
21 Konstruktionen in der Analyse. 1937, XVI, S. 49
22 Hemminger, H. Flucht in die Innenwelt. Frankfurt am Main: Ullstein, 1980, S. 33
23 1937, XVI, S. 48
24 Vgl. Ellis, A. Die rational-emotive Therapie. München: Pfeiffer, 1977; Beck, A. T. Wahrnehmung der Wirklichkeit und Neurose. München: Pfeiffer, 1979; Mahoney, M. J. Kognitive Verhaltenstherapie. München: Pfeiffer, 1977; Bandler, R. & Grinder, J. Metasprache und Psychotherapie. Paderborn: Junfermann, 1981
25 Gruppenanalyse. Göttingen: Vandenhoeck & Ruprecht, 1972, S. 38
26 Frank, J. D. Die Heiler. Stuttgart: Klett-Cotta, 1981; Garfield, S. L. Psychotherapie. Ein eklektischer Ansatz. Weinheim: Beltz, 1982
27 Aus der Geschichte einer infantilen Neurose. 1918, XII, S. 38
28 Sprachzerstörung und Rekonstruktion. Frankfurt am Main: Suhrkamp, 1973, S. 81

5. Die Verführungstheorie der Hysterie

1 Weitere Bemerkungen über die Abwehr-Neuropsychosen. 1896, I, S. 380 bis 385
2 Zur Ätiologie der Hysterie. 1896, I, S. 444
3 1896, I, S. 440
4 1895, I, S. 270
5 1895, I, S. 270
6 1895, I, S. 300
7 Aus den Anfängen der Psychoanalyse. London: Imago, 1950, S. 229
8 1950, S. 231
9 1914, X, S. 55
10 1914, X, S. 56
11 1925, XIV, S. 60
12 1895, I, S. 282
13 Alfred Adler oder Das Elend der Psychologie. Frankfurt am Main: Fischer, 1971, S. 138
14 Du sollst nicht merken. Frankfurt am Main: Suhrkamp, 1981, S. 147
15 1914, X, S. 91–92
16 Sigmund Freud in Selbstdarstellungen und Bilddokumenten. Reinbek: Rowohlt, 1971, S. 50
17 1925, XIV, S. 60

6. Der Fall des kleinen Hans

1 1909, G. W. VII, 241–377
2 Cremerius, J. Die Bedeutung des Dissidenten für die Psychoanalyse. Psyche, 1982, 36, S. 491
3 Sigmund Freud. Leben und Werk. Frankfurt am Main: Fischer, 1969
4 Über Probleme der Kinderanalyse. In Meng, H. (Hrsg.) Psychoanalyse und Alltag. München: Goldmann, 1965, S. 51
5 Sprachzerstörung und Rekonstruktion. Frankfurt am Main: Suhrkamp, 1973, S. 127–137
6 Wolpe, J. & Rachman, S. Psychoanalytischer „Beweis“: Eine Kritik anhand von Freuds Fall des Kleinen Hans. In Eysenck, H. J. & Wilson, G. D. (Hrsg.) Experimentelle Studien zur Psychoanalyse Sigmund Freuds. Wien: Europa, 1979, S. 379–407
7 Abriß der Psychoanalyse. 1953, XVII, S. 116
8 1953, XVII, S. 114
9 1979, S. 393
10 1909, VII, S. 269
11 1909, VII, S. 306–307
12 1909, VII, S. 339

13 1909, VII, S. 275
14 1909, VII, S. 266
15 1909, VII, S. 271
16 Rapaport, D. Die Struktur der psychoanalytischen Theorie. Stuttgart: Klett, 1959, S. 116
17 1909, VII, S. 367 und 375–376
18 1909, VII, S. 255
19 1909, VII, S. 352
20 1909, VII, S. 277
21 1909, VII, S. 284
22 1909, VII, S. 288
23 1973, S. 127–137
24 1909, VII, S. 284
25 1909, VII, S. 286
26 1909, VII, S. 260
27 Psychologische Aspekte des Briefwechsels zwischen Freud und Jung. Stuttgart: frommann-holzboog, 1982, S. 185
28 1979, S. 396–397
29 1909, VII, S. 288–289
30 1979, S. 401
31 1979, S. 397–398
32 1909, VII, S. 284–285
33 Eysenck, H. J. & Rachman, S. Neurosen – Ursachen und Heilmethoden. Berlin (DDR): Deutscher Verlag der Wissenschaften, 1970, S. 75–77
34 1909, VII, S. 346
35 1909, VII, S. 265
36 1970, S. 16–17
37 Vgl. Eysenck, H. J. & Rachman, S. 1970, S. 179
38 1979, S. 399
39 Praxis der Verhaltenstherapie. Bern: Huber, 1972

7. Der Fall Schreber

1 1911, VIII, S. 239–320
2 Frankfurt am Main: Ullstein, 1973 (Nachdruck)
3 1911, VIII, S. 240–241
4 1911, VIII, S. 286–287
5 1911, VIII, S. 291
6 1911, VIII, S. 287
7 1911, VIII, S. 276
8 1911, VIII, S. 315
9 Schatzman, M. Die Angst vor dem Vater. Reinbek: Rowohlt, 1974, S. 21–22
10 Zitiert nach Schatzman, M. 1974, S. 25

11 Zitiert nach Schatzman, M. 1974, S. 26
12 Die Bewährung psychoanalytischer Hypothesen. Kronberg: Scriptor, 1977, S. 57–58
13 Zitiert nach Schatzman, M. 1974, S. 12
14 Vgl. Schalmey, P. 1977, S. 36–45
15 1911, VIII, S. 277
16 1911, VIII, S. 286
17 1911, VIII, S. 275–276
18 1911, VIII, S. 291–292
19 Vgl. Schatzman, M. 1974, S. 72–81
20 Zitiert nach Schatzman, M. 1974, S. 37
21 Zitiert nach Schatzman, M. 1974, S. 37
22 1974, S. 17
23 Vgl. Degen, R. Chemie und Wahnsinn. Psychologie heute, 1982, 9 (11), 64 bis 71
24 Der Fall Schreber. Frankfurt am Main: Suhrkamp, 1978, S. 46
25 1911, VIII, S. 315

8. Der Fall des Wolfsmanns

1 1918, XII, S. 27–157
2 1918, XII, S. 32
3 Gardiner, M. Einleitung. In Gardiner, M. (Hrsg.) Der Wolfsmann vom Wolfsmann. Frankfurt am Main: Fischer, 1982, S. 9
3a. ebda.
4 Wolfsmann (d. i. Pankejeff, S. K.) Die Erinnerungen des Wolfsmannes. In Gardiner, M. 1982, S. 15–166
5 Wolfsmann (Pankejeff, S. K.) Meine Erinnerungen an Sigmund Freud. In Gardiner, M. (Hrsg.) 1982, S. 169–189
6 Gespräche mit dem Wolfsmann. Reinbek: Rowohlt, 1980
7 1918, XII, S. 38
8 1918, XII, S. 33
9 1918, XII, S. 34
10 1918, XII, S. 54–55
11 1918, XII, S. 57 und 60
12 1918, XII, S. 60
13 1918, XII, S. 64
14 1918, XII, S. 80
15 1918, XII, S. 84
16 1918, XII, S. 85
17 1918, XII, S. 87 (Zusatz von 1923)
18 1918, XII, S. 72
19 1918, XII, S. 111

20 1918, XII, S. 109
21 1918, XII, S. 69
22 1918, XII, S. 112
23 1918, XII, S. 119
24 1918, XII, S. 77–78
25 1918, XII, S. 81
26 1918, XII, S. 81
27 1918, XII, S. 137
28 1918, XII, S. 76
29 Ist die Psychoanalyse eine Wissenschaft? Bern: Huber, 1972
30 Obholzer, K. 1980, S. 51
31 1918, XII, S. 37
32 1918, XII, S. 108
33 1918, XII, S. 45
34 1918, XII, S. 43
35 1918, XII, S. 48
36 1918, XII, S. 38
37 1982, S. 24
38 1918, XII, S. 39
39 1918, XII, S. 41
40 1918, XII, S. 50
41 1918, XII, S. 91
42 1918, XII, S. 157 (Zusatz von 1923)
43 Ein Nachtrag zu Freuds ‚Geschichte einer infantilen Neurose'. In Gardiner, M. (Hrsg.) 1982, S. 297–346
44 Gardiner, M. Der Wolfsmann im späteren Leben. In Gardiner, M. (Hrsg.) 1982, S. 362–383
45 Wolfsmann (Pankejeff, S. K.) 1982, S. 171–173
46 1980, S. 45
47 1918, XII, S. 107
48 Obholzer, K. 1980, S. 46

9. Freuds Theorie der kindlichen Entwicklung

1 Abriß der Psychoanalyse. 1953, XVII, S. 111
2 Eysenck, H. J. & Rachman, S. Neurosen – Ursachen und Heilmethoden. Berlin (DDR): Deutscher Verlag der Wissenschaften, 1970, S. 34–45
3 1953, XVII, S. 110
4 Reinbek: Rowohlt, 1982
5 1982, S. 85
6 1982, S. 83–106
7 1953, XVII, S. 76–77
8 Zur Geschichte der psychoanalytischen Bewegung. 1914, X, S. 56–57

9 Wolpe, J. & Rachman, S. Psychoanalytischer „Beweis“: Eine Kritik anhand von Freuds Fall des Kleinen Hans. In Eysenck, H. J. & Wilson, G. D. (Hrsg.) Experimentelle Studien zur Psychoanalyse Sigmund Freuds. Wien: Europa, 1979, S. 379–407
10 De Waele, J. P. Zur Frage der empirischen Bestätigung psychoanalytischer Grundannahmen. Zeitschrift für Psychologie, 1961, 165, 90–134
11 Zitiert nach Reimer, C. & Burzig, G. Zur Psychoanalytischen Psychologie der Latenzzeit. Praxis der Kinderpsychologie und Kinderpsychiatrie, 1981, 30, S. 34
12 1953, XVII, S. 75
13 Broderick, C. B. Kinder- und Jugendsexualität. Reinbek: Rowohlt, 1970, S. 50
14 Reimer, C. & Burzig, G. 1981, S. 33–38
15 Hemminger, H. Flucht in die Innenwelt. Frankfurt am Main: Ullstein, 1979, S. 96
16 Das Problem der „Oralität“ und deren Ursprung in der frühen Kindheit. In Eysenck, H. J. & Wilson, G. D. (Hrsg.) 1979, S. 57–86
17 Sewell, W. G. & Mussen, P. The effects of feeding, weaning, and scheduling procedures on childhood adjustment and the formation of oral symptoms. Child Development, 1952, 23, 185–191
18 Behrens, M. L. Child rearing and the character structure of the mother. Child Development, 1954, 25, 225–238
19 Sears, R. R., Maccoby, E. E. & Levin, H. Patterns of child rearing. Evanston: Row, 1957
20 Thomae, H. „Orale“ Frustration und Persönlichkeit. Zeitschrift für Psychologie, 1962, 167, 31–41
21 Kiener, F. Empirische Kontrolle psychoanalytischer Thesen. In Pongratz, L. (Hrsg.) Handbuch der Psychologie, Band 8/2: Klinische Psychologie. Göttingen: Hogrefe, 1978, S. 1216
22 Charakter und Analerotik. 1908, VII, S. 201–209
23 Kiener, F. 1978, S. 1219–1220
24 Hetherington, E. M. & Brackbill, V. Etiology and covariation of obstinacy, orderliness, and parsimony in young children. Child Development, 1963, 34, 919–943
25 Caldwell, D. M. The effects of infant care. In Hoffman, M. L. & Hoffman, L. W. (Eds.) Review of child development research. Vol. I. New York: Russell Sage, 1964, S. 44–51
26 Vgl. Sears, R. R., Maccoby, E. E. & Levin, H. 1957
27 1953, XVII, S. 77
28 Menschenkenntnis. Frankfurt am Main: Fischer, 1966
29 1953, XVII, S. 120
30 1953, XVII, S. 121
31 1979, S. 203
32 Schatzman, M. Die Angst vor dem Vater. Reinbek: Rowohlt, 1974, S. 101 bis 106

33 Analyse der Phobie eines fünfjährigen Knaben. 1909, VII, S. 245
34 1909, VII, S. 257
35 Aus der Geschichte einer infantilen Neurose. 1918, XII, S. 48
36 1918, XII, S. 49
37 Vgl. De Waele, J. P. 1961
38 1979, S. 379–407
39 1953, XVII, S. 118
40 Mannoni, O. Sigmund Freud in Selbstzeugnissen und Bilddokumenten. Reinbek: Rowohlt, 1971, S. 52
41 1953, XVII, S. 117–119
42 Kindlers Literatur Lexikon, Band 16. München: Kindler, S. 6932–6934
43 1913, IX, S. 171–173
44 1953, XVII, S. 119–120
45 Vgl. Reiche, R. Ist der Ödipuskomplex universell? Kursbuch 29, 1972, 159 bis 176
46 Vgl. Ansbacher, H. L. & Ansbacher, R. R. Alfred Adlers Individualpsychologie. München: Reinhardt, 1972, S. 185–186

10. Die Freudsche Behandlungsmethode

1 Mannoni, O. Sigmund Freud in Selbstdarstellungen und Bilddokumenten. Reinbek: Rowohlt, 1971, S. 25–31
2 Zur Geschichte der psychoanalytischen Bewegung. 1914, X, S. 45
3 Die Entdeckung des Unbewußten. Bern: Huber, 1973, S. 721
4 Studien über Hysterie. 1895, I, S. 270
5 Zur Einleitung der Behandlung. 1913, VIII, S. 468
6 Wege der psychoanalytischen Therapie (Vortrag). XII, S. 187
7 1913, VIII, S. 467
8 1913, VIII, S. 459–462
9 Über Psychotherapie. 1905, V, S. 20–21
10 Abriß der Psychoanalyse. 1953, XVII, S. 104–106
11 1953, XVII, S. 103–104
12 Petzold, H. (Hrsg.) Widerstand – ein strittiges Konzept in der Psychotherapie. Paderborn: Junfermann, 1981
13 Eschenröder, C. T. Das Konzept des Widerstandes in der rational-emotiven Therapie. In Petzold, H. (Hrsg.) 1981, S. 339–348
14 1937, XVI, S. 98
15 1953, XVII, S. 100
16 Vgl. Drigalski, D. v. Blumen auf Granit. Frankfurt am Main: Ullstein, 1980
17 Übertragung und Gegenübertragung. Psyche, 1956/57, 10, 63–81
18 Gruppenanalyse. Göttingen: Vandenhoeck & Ruprecht, 1972, S. 62–66
19 Sprachzerstörung und Rekonstruktion. Frankfurt am Main: Suhrkamp, 1974, S. 207

20 1913, VIII, S. 473–474
21 Ratschläge für den Arzt bei der psychoanalytischen Behandlung. 1912, VIII, S. 380–381
22 1912, VIII, S. 384
23 Die Bedeutung des Dissidenten für die Psychoanalyse. Psyche, 1982, 36, S. 501
24 1982, S. 500
25 1982, S. 510
26 1982, S. 496
27 1937, XVI, S. 63
28 Die Freudsche psychoanalytische Methode. 1904, V, S. 8
29 XII, S. 190
30 Neue Folge der Vorlesungen zur Einführung in die Psychoanalyse. 1933, XV, S. 86
31 1937, XVI, S. 64

11. Neuere Berichte und Untersuchungen über die Wirkungen der psychoanalytischen Therapie

1 Moser, T. Lehrjahre auf der Couch. Frankfurt am Main: Suhrkamp, 1977
2 Drigalski, D. v. Blumen auf Granit. Frankfurt am Main: Ullstein, 1980
3 1977, S. 43
4 1977, S. 36–37
5 1977, S. 38–39
6 1977, S. 204–205
7 1977, S. 200–201
8 1977, S. 226–227
9 1977, S. 242–243
10 1980, S. 8–10
11 1980, S. 15–16
12 1980, S. 14–15
13 1980, S. 35
14 1980, S. 39
15 1980, S. 31
16 1980, S. 58–59
17 1980, S. 93–94
18 1980, S. 233–234
19 1980, S. 274
20 1980, S. 298
21 Vgl. Ellis, A. Die rational-emotive Therapie. München: Pfeiffer, 1977, S. 9–42; Garfield, S. L. Psychotherapie. Ein eklektischer Ansatz. Weinheim: Beltz, 1982, S. 284–289
22 In Eysenck, H. J. & Wilson, G. D. (Hrsg.) Experimentelle Studien zur Psychoanalyse Sigmund Freuds. Wien: Europa, 1979, S. 436–458

23 Eine ausführliche Darstellung der Methoden und Probleme der Psychotherapieforschung findet man bei Garfield, S. L. 1982, S. 243–272 und bei Garfield, S. L. & Bergin, A. E. (Eds.) Handbook of psychotherapy and behavior change. New York: Wiley, 1978
24 Wirkungen der Psychotherapie. Steinkopff: Darmstadt, 1974, S. 72
25 Luborski, L. & Spence, D. P. Quantitative research on psychoanalytic therapy. In Garfield, S. L. & Bergin, A. E. (Eds.) 1978, S. 338
26 Vgl. auch Luborski, L., Singer, B. & Luborski, L. Comparative studies of psychotherapies. Archives of General Psychiatry, 1975, 32, 995–1008
27 Bergin, A. E. & Lambert, M. J. The evaluation of therapeutic outcomes. In Garfield, S. L. & Bergin, A. E. (Eds.) 1978, S. 139–152
28 Sloane, R. B., Staples, F. R., Cristol, A. H., Yorkston, N. J. & Whipple, K. Analytische Psychotherapie und Verhaltenstherapie. Stuttgart: Enke, 1981
29 Metzger, H. G. Selbstkontrolle und Selbstsicherheit. Psyche, 1979, 33, 29 bis 62; Metzger, H. G. Die Verhaltenstechniker entdecken das Selbst. Psychologie heute, 1980, 7 (3), 46–52; vgl. auch Eschenröder, C. T. Symptomorientierte und ursachenorientierte Therapiemethoden – ein unvereinbarer Gegensatz? Eine Auseinandersetzung mit Hans-Geert Metzgers Kritik der Verhaltenstherapie. Psyche, 1981, 35, 840–848
30 Strupp, H. H. & Hadley, S. W. Specific vs nonspecific factors in psychotherapy. Archives of General Psychiatry, 1979, 36, 1125–1136
31 Gomez-Schwartz, B. Effective ingredients in psychotherapy: Prediction of outcome from process variables. Journal of Consulting and Clinical Psychology, 1978, 46, 1023–1035
32 Bergin, A. E. & Lambert, M. J. 1978; Garfield, S. L. 1982; Luborski, L., Singer, B. & Luborski, L. 1975; Strupp, H. H. & Hadley, S. W. 1979
33 Die Heiler. Stuttgart: Klett-Cotta, 1981, S. 444–448
34 1981, S. 449–451
35 München: dtv, 1981, S. 7
36 Vgl. Frank, J. D. 1981, S. 20; Luborski, L., Singer, B. & Luborski, L. 1975, S. 995
37 Vgl. Garfield, S. L. 1982, S. 133–154
38 1978, S. 152–162
39 1975, S. 1001
40 1982, S. 284–289
41 Vgl. Rachman, S. 1974, S. 70–71
42 Ellis, A. 1977, S. 13–14
43 1982, S. 289

12. Die Psychoanalyse und ihre Kritiker

1 Versuch, die Welt besser zu bestehen. Frankfurt am Main: Suhrkamp, 1970, S. 92
2 1914, X, S. 59–60
3 Ellenberger, H. F. Die Entdeckung des Unbewußten. Bern: Huber, 1973
4 Sulloway, F. Freud, Biologe der Seele. Köln-Löwenich: Hohenheim, 1982
5 Zitiert nach Sulloway, F. 1982, S. 633
6 Vgl. Sulloway, F. 1982, S. 618
7 1905, V, S. 13
8 1914, X, S. 61
9 1900, II/III, S. 1–642
10 1901, II/III, S. 643–700
11 Vgl. Sulloway, F. 1982, S. 609–613
12 1905, V, S. 29–145
13 Zitiert nach Sulloway, F. 1982, S. 613
14 Sulloway, F. 1982, S. 639
15 1982, S. 636–643
16 Sulloway, F. 1982, S. 653
17 Zitiert nach Sulloway, F. 1982, S. 653
18 Die Psychoanalyse und ihre Kinder. Berlin: Springer, 1938
19 Zitiert nach Englert, E. H. Analytische Psychologie. In Rexilius, G. & Grubitzsch, S. (Hrsg.) Handbuch psychologischer Grundbegriffe. Reinbek: Rowohlt, 1981, S. 42
20 1973, S. 762
21 1914, X, S. 61
22 1914, X, S. 91–92
23 1918, XII, S. 137
24 Alfred Adler oder Das Elend der Psychologie. Frankfurt am Main: Fischer, 1971, S. 45
25 1970, S. 123–124
26 1970, S. 12
27 1970, S. 94
28 Krankheit als Konflikt. Studien zur psychosomatischen Medizin 1. Frankfurt am Main: Suhrkamp, 1966, S. 65
29 Ansichten eines Analytikers. Psychologie heute, 1983, 10 (4), S. 70
30 Vgl. Görres, A. Psychoanalyse und Verhaltenstherapie. In Bachmann, C. H. (Hrsg.) Psychoanalyse und Verhaltenstherapie. Frankfurt am Main: Fischer, 1972, S. 71–86; Wachtel, P. L. Psychoanalyse und Verhaltenstherapie. Stuttgart: Klett-Cotta, 1981

13. Zusammenfassende Einschätzung der Bedeutung von Freuds Werk

1 Freud und die Psychoanalyse. Frankfurt am Main: Suhrkamp, 1965, S. 109 bis 110
2 Der Aberglaube des Jahrhunderts. DIE ZEIT Nr. 45, 5. 11. 1982, S. 17–21
3 Der Witz und seine Beziehung zum Unbewußten. 1905, VI, S. 1–269
4 Kiener, F. Empirische Kontrolle psychoanalytischer Thesen. In Pongratz, L. (Hrsg.) Handbuch der Psychologie, Band 8/2: Klinische Psychologie. Göttingen: Hogrefe, 1978, S. 1201–1207
5 Eysenck, H. J. & Wilson, G. D. (Hrsg.) Experimentelle Studien zur Psychoanalyse Sigmund Freuds. Wien: Europa, 1979, S. 276–280
6 Ellenberger, H. F. Die Entdeckung des Unbewußten. Bern: Huber, 1973; Sulloway, F. Freud, Biologe der Seele. Köln-Löwenich: Hohenheim, 1982
7 Sigmund Freuds Psychoanalyse – Größe und Grenzen. München: dtv, 1981, S. 7
8 1982, S. 17
9 Die Heiler. Stuttgart: Klett-Cotta, 1981, S. 234
10 Zitiert nach Eysenck, H. J. & Wilson, G. D. (Hrsg.) 1979, S. 22
11 Frank, J. D. 1981, S. 241
12 Drigalski, D. v. Blumen auf Granit. Frankfurt am Main: Ullstein, 1980
14 Metzger, H. G. Selbstkontrolle und Selbstsicherheit. Psyche, 1979, 33, 29 bis 62; Metzger, H. G. Die Verhaltenstechniker entdecken das Selbst. Psychologie heute, 1980, 7 (3), 46–52
15 Cremerius, J. Die Bedeutung des Dissidenten für die Psychoanalyse. Psyche, 1982, 36, S. 485
16 Du sollst nicht merken. Frankfurt am Main: Suhrkamp, 1981, S. 138–152
17 Psychoanalyse und Verhaltenstherapie. Stuttgart: Klett-Cotta, 1981

Literaturverzeichnis

Adler, A.: Menschenkenntnis. Frankfurt am Main: Fischer, 1966.

Ansbacher, H. L. & Ansbacher, R. R.: Alfred Adlers Individualpsychologie. München: Reinhardt, 1972.

Bandler, R. & Grinder, J.: Metasprache und Psychotherapie. Paderborn: Junfermann, 1981.

Beck, A. T.: Wahrnehmung der Wirklichkeit und Neurose. München: Pfeiffer, 1979.

Behrens, M. L.: Child rearing and the character structure of the mother. Child Development 25, 1954, 225–238

Bergin, A. E. & Lambert, M. J.: The evaluation of therapeutic outcomes. In: Garfield, S. L. & Bergin, A. E. (Eds.) 1978, 139–189.

Broderick, C. B.: Kinder- und Jugendsexualität. Reinbek: Rowohlt, 1970.

Bruder-Bezzel, A.: Die Psychologie der kleinen Leute. Psychologie heute 9 (1982) (7), 46–53.

Bumke, O.: Die Psychoanalyse und ihre Kinder. Berlin: Springer, 1938.

Caldwell, D. M.: The effects of infant care. In: Hoffman, M. L. & Hoffman, L. W. (Eds.): Review of child development research. Vol. I. New York: Russell Sage, 1964, 44–51.

Cremerius, J. (Hrsg.): Die Rezeption der Psychoanalyse. Frankfurt am Main: Suhrkamp, 1981.

Cremerius, J.: Die Bedeutung des Dissidenten für die Psychoanalyse. Psyche 36, (1982) 481–514.

Degen, R.: Chemie und Wahnsinn. Psychologie heute 9 (1982) (11), 64–71.

De Waele, J. P.: Zur Frage der empirischen Bestätigungen psychoanalytischer Grundannahmen. Zeitschrift für Psychologie 165 (1961), 90–134.

Drigalski, D. v.: Blumen auf Granit. Frankfurt am Main: Ullstein, 1980.

Eissler, K. R.: Psychologische Aspekte des Briefwechsels zwischen Freud und Jung. Stuttgart: Frommann-Holzboog, 1982.

Ellenberger, H. F.: Die Entdeckung des Unbewußten. Bern: Huber, 1973.

Ellis, A.: Die rational-emotive Therapie. München: Pfeiffer, 1977.

Englert, E. H.: Analytische Psychologie. In: Rexilius, G. & Grubitzsch, S. (Hrsg.): Handbuch psychologischer Grundbegriffe. Reinbek: Rowohlt, 1981, 38–44.

Eschenröder, C. T.: Kritik psychoanalytischer Interpretationen. Psychologie heute 2 (1975) (7), 12–16. (Auch in: Psychologie heute-Redaktion [Hrsg.]: Neue Formen der Psychotherapie. Weinheim: Beltz, 1980, 63–66.)

Eschenröder, C. T.: Das Konzept des Widerstandes in der rational-emotiven Therapie. In: Petzold, H. (Hrsg.) 1981, 339–348.

Eschenröder, C. T.: Symptomorientierte und ursachenorientierte Therapiemethoden – ein unvereinbarer Gegensatz? Eine Auseinandersetzung mit Hans-Geert Metzgers Kritik der Verhaltenstherapie. Psyche 35 (1981), 840–848.

Eschenröder, C. T.: Probleme personenzentrierter Psychotherapie oder Wie man seine eigenen Hypothesen widerlegt, ohne es zu bemerken. GwG-Info 1982 (Juli), No. 47, 60–70.
Eysenck, H. J.: Charakterologie, Schichtentheorie und Psychoanalyse: Eine Kritik. In: Bracken, H. von & David, H. P. (Hrsg.): Perspektiven der Persönlichkeitstheorie. Bern: Huber, 1959, 248–256.
Eysenck, H. J.: Grenzen der Erkenntnis. München: Goldmann, 1978.
Eysenck, H. J. & Rachman, S.: Neurosen – Ursachen und Heilmethoden. Berlin (DDR): Deutscher Verlag der Wissenschaften, 1970.
Eysenck, H. J. & Wilson, G. D. (Hrsg.): Experimentelle Studien zur Psychoanalyse Sigmund Freuds. Wien: Europa, 1979.
Eysenck, H. J. & Wilson, G. D. Nachwort. In: Eysenck, H. J. & Wilson, G. D. (Hrsg.) 1979, 459–473.
Fischer, C.: Träumen Sie nach Freud oder nach Jung? Psychologie heute 8 (1981) (3), 30–36.
Frank, J. D.: Die Heiler. Stuttgart: Klett-Cotta, 1981.
Freud, S.: Studien über Hysterie. 1895, GW I, 75–312.
Freud, S.: Weitere Bemerkungen über die Abwehr-Neuropsychosen. 1896, GW I, 377–403.
Freud, S.: Zur Ätiologie der Hysterie. 1896, GW I, 423–459.
Freud, S.: Die Traumdeutung. 1900, GW II/III, 1–642.
Freud, S.: Über den Traum. 1901, GW II/III, 643–700.
Freud, S.: Zur Psychopathologie des Alltagslebens. 1901, GW IV, 1–310.
Freud, S.: Die Freudsche psychoanalytische Methode. 1904, GW V, 1–10.
Freud, S.: Über Psychotherapie. 1905, GW V, 11–26.
Freud, S.: Drei Abhandlungen zur Sexualtheorie. 1905, GW V, 29–145.
Freud, S.: Der Witz und seine Beziehung zum Unbewußten. 1905, GW VI, 1–269.
Freud, S.: Charakter und Analerotik. 1908, GW VII, 201–209.
Freud, S.: Analyse der Phobie eines fünfjährigen Knaben. 1909, GW VII, 241 bis 377.
Freud, S.: Über Psychoanalyse. 1910, GW VIII, 1–60.
Freud, S.: Psychoanalytische Bemerkungen über einen autobiograpisch beschriebenen Fall von Paranoia (Dementia paranoides). 1911, GW VIII, 239–320.
Freud, S.: Ratschläge für den Arzt bei der psychoanalytischen Behandlung. 1912, GW VIII, 374–387.
Freud, S.: Zur Einleitung der Behandlung. 1913, GW VIII, 453–478.
Freud, S.: Totem und Tabu. 1913, GW IX, 1–194.
Freud, S.: Zur Geschichte der psychoanalytischen Bewegung. 1914, GW X, 43 bis 113.
Freud, S.: Eine Schwierigkeit der Psychoanalyse. 1917, GW XII, 2–12.
Freud, S.: Aus der Geschichte einer infantilen Neurose. 1918, XII, GW 27–157.
Freud, S.: Wege der psychoanalytischen Therapie (Vortrag). GW XII, 181–194.
Freud, S.: Über die Psychogenese eines Falles von weiblicher Homosexualität. 1920, GW XII, 269–302.

Freud, S.: Jenseits des Lustprinzips. 1920, GW XIII, 1–69.
Freud, S.: Das ökonomische Problem des Masochismus. 1924, GW XIII, 369 bis 391.
Freud, S.: „Selbstdarstellung". 1925, GW XIV, 31–96.
Freud, S.: Das Unbehagen in der Kultur. 1930, GW XIV, 419–506.
Freud, S.: Neue Folge der Vorlesungen zur Einführung in die Psychoanalyse. 1933, GW XV, 1–197.
Freud, S.: Konstruktionen in der Analyse. 1937, GW XVI, 41–56.
Freud, S.: Die endliche und die unendliche Analyse. 1937, GW XVI, 57–99.
Freud, S.: Aus den Anfängen der Psychoanalyse. London: Imago, 1950.
Freud, S.: Abriß der Psychoanalyse. 1953, GW XVII, 63–138.
Fromm, E.: Sigmund Freuds Psychoanalyse – Größe und Grenzen. München: dtv, 1981.
Gardiner, M. (Hrsg.) Der Wolfsmann vom Wolfsmann. Frankfurt am Main: Fischer, 1982.
Gardiner, M.: Einleitung. In: Gardiner, M. (Hrsg.) 1982, 7–10.
Gardiner, M.: Der Wolfsmann im späteren Leben. In: Gardiner, M. (Hrsg.) 1982, 347–448.
Garfield, S. L.: Psychotherapie. Ein eklektischer Ansatz. Weinheim: Beltz, 1982.
Garfield, S. L. & Bergin, A. E. (Eds.): Handbook of psychotherapy and behavior change. New York: Wiley, 1978.
Görres, A.: Psychoanalyse und Verhaltenstherapie. In: Bachmann, C. H. (Hrsg.): Psychoanalyse und Verhaltenstherapie. Frankfurt am Main: Fischer, 1972, 71–86.
Goldman-Eisler, F.: Das Problem der „Oralität" und deren Ursprung in der frühen Kindheit. In: Eysenck, H. J. & Wilson, G. D. (Hrsg.): 1979, 57–86.
Gomez-Schwartz, B.: Effective ingredients in psychotherapy: Prediction of outcome from process variables. Journal of Consulting and Clinical Psychology 46 (1978), 1023–1035.
Habermas, J.: Erkenntnis und Interesse. Frankfurt am Main: Suhrkamp, 1969.
Handke, P.: Die Unvernünftigen sterben aus. Frankfurt am Main: Suhrkamp, 1973.
Haseloff, O. W.: Zur Soziologie psychoanalytischen Wissens. Kölner Zeitschrift für Soziologie und Sozialpsychologie 14 (1962), 39–58.
Hemminger, H.: Flucht in die Innenwelt. Frankfurt am Main: Ullstein, 1979.
Hemminger, H.: Kindheit als Schicksal? Reinbek: Rowohlt, 1982.
Hetherington, E. M. & Brackbill, V.: Etiology and covariation of obstinacy, orderliness, and parsimony in young children. Child Development 34 (1963), 919–943.
Jacobi, U., Selg, H. & Belschner, W.: Triebmodelle der Aggression. In: Selg, H. (Hrsg.) 1971, 36–52.
Jones, E.: Sigmund Freud. Leben und Werk. Frankfurt am Main: Fischer, 1969.
Jung, C. G.: Erinnerungen, Träume, Gedanken. Zürich: Rascher, 1962.
Kiener, F.: Empirische Kontrolle psychoanalytischer Thesen. In: Pongratz, L.

(Hrsg.): Handbuch der Psychologie, Band 8/2: Klinische Psychologie. Göttingen: Hogrefe, 1978, 1200–1241.
Kindlers Literatur Lexikon. München: Kindler, 1974.
Kuiper, P. C.: Psychoanalyse – modern oder veraltet? Stuttgart: Klett, 1975.
La Breque, M.: Denkfehler und Denkfallen. Psychologie heute 7 (1980) (9), 21–27.
Lorenzer, A.: Sprachzerstörung und Rekonstruktion. Frankfurt am Main: Suhrkamp, 1973.
Luborski, L., Singer, B. & Luborski, L.: Comparative studies of psychotherapies. Archives of General Psychiatry 32 (1975), 995–1008.
Luborski, L. & Spence, D. P.: Quantitative research on psychoanalytic therapy. In: Garfield, S. L. & Bergin, A. E. (Eds.) 1978, 331–368.
Mack-Brunswick, R.: Ein Nachtrag zu Freuds ‚Geschichte einer infantilen Neurose'. In: Gardiner, M. (Hrsg.) 1982, 297–346.
Mahoney, M. J.: Kognitive Verhaltenstherapie. München: Pfeiffer, 1977.
Malcolm, J.: Ansichten eines Analytikers. Psychologie heute 10 (1983) (4), 68–71.
Mannoni, O.: Sigmund Freud in Selbstzeugnissen und Bilddokumenten. Reinbek: Rowohlt, 1971.
Mentzos, S.: Psychoanalyse – Hermeneutik oder Erfahrungswissenschaft? Psyche 27 (1973), 832–849.
Metzger, H. G.: Selbstkontrolle und Selbstsicherheit. Psyche 33 (1979) 29–62.
Metzger, H. G.: Die Verhaltenstechniker entdecken das Selbst. Psychologie heute 7 (1980 (3), 46–52.
Miller, A.: Du sollst nicht merken. Frankfurt am Main: Suhrkamp, 1981.
Mitscherlich, A.: Krankheit als Konflikt. Studien zur psychosomatischen Medizin 1. Frankfurt am Main: Suhrkamp, 1966.
Mitscherlich, A.: Versuch, die Welt besser zu bestehen. Frankfurt am Main: Suhrkamp, 1970.
Moser, T.: Lehrjahre auf der Couch. Frankfurt am Main: Suhrkamp, 1977.
Niederland, W. G.: Der Fall Schreber. Frankfurt am Main: Suhrkamp, 1978.
Norman, D. O.: Fehlleistungen: Schaltfehler im Gehirn. Psychologie heute 7 (1980) (8), 64–71.
Nuttin, J.: Physikalische und biologische Modelle in der menschlichen Motivationslehre. Psychologische Rundschau 20 (1969), 115–123.
Obholzer, K.: Gespräche mit dem Wolfsmann. Reinbek: Rowohlt, 1980.
Perrez, M.: Ist die Psychoanalyse eine Wissenschaft? Bern: Huber, 1972.
Petzold, H. (Hrsg.): Widerstand – ein strittiges Konzept in der Psychotherapie. Paderborn: Junfermann, 1981.
Pohlen, M.: Gruppenanalyse. Göttingen: Vandenhoeck & Ruprecht, 1972.
Rachman, S.: Wirkungen der Psychotherapie. Darmstadt: Steinkopff, 1974.
Rapaport, D.: Die Struktur der psychoanalytischen Theorie. Stuttgart: Klett, 1959.
Reiche, R.: Ist der Ödipuskomplex universell? Kursbuch 29, 1972, 159–176.

Reimer, C. & Burzig, G.: Zur Psychoanalytischen Psychologie der Latenzzeit. Praxis der Kinderpsychologie und Kinderpsychiatrie 30 (1981), 33–38.
Ricœur, P.: Die Interpretation. Frankfurt am Main: Suhrkamp, 1969.
Riesman, D.: Freud und die Psychoanalyse. Frankfurt am Main: Suhrkamp, 1965.
Rosenberger, L.: Über Probleme dcr Kinderanalyse. In: Meng, H. (Hrsg.): Psychoanalyse und Alltag. München: Goldmann, 1965, 51–65.
Schalmey, P.: Die Bewährung psychoanalytischer Hypothesen. Kronberg: Scriptor, 1977.
Schatzman, M.: Die Angst vor dem Vater. Reinbek: Rowohlt, 1974.
Schreber, D. P.: Denkwürdigkeiten eines Nervenkranken. Frankfurt am Main: Ullstein, 1973.
Sears, R. R., Maccoby, E. E. & Levin, H.: Patterns of child rearing. Evanston: Row, 1957.
Selg, H. (Hrsg.): Zur Aggression verdammt? Stuttgart: Kohlhammer, 1971.
Selg, H.: Die Frustrations-Aggressions-Theorie. In: Selg, H. (Hrsg.) 1971, 11–35.
Sewell, W. G. & Mussen, P.: The effects of feeding, weaning, and scheduling procedures on childhood adjustment and the formation of oral symptoms. Child Development 23 (1952) 185–191.
Sloane, R. B., Staples, F. R., Cristol, A. H., Yorkston, N. J. & Whipple, K.: Analytische Psychotherapie und Verhaltenstherapie, Stuttgart: Enke, 1981.
Sperber, M.: Alfred Adler oder Das Elend der Psychologie. Frankfurt am Main: Fischer, 1971.
Spitz, R.: Übertragung und Gegenübertragung. Psyche, 10 (1956/57), 63–81.
Stern, W.: Rezension von S. Freud, „Die Traumdeutung". In: Cremerius, J. (Hrsg.): Die Rezeption der Psychoanalyse. Frankfurt am Main: Suhrkamp, 1981, 200–203.
Strupp, H. H. & Hadley, S. W.: Specific vs. nonspecific factors in psychotherapy. Archives of General Psychiatry 36 (1979) 36, 1125–1136.
Sulloway, F.: Freud, Biologe der Seele. Köln-Löwenich: Hohenheim, 1982.
Tausch, R.: Gesprächspsychotherapie. Göttingen: Hogrefe, 1970.
Thomae, H.: „Orale" Frustration und Persönlichkeit. Zeitschrift für Psychologie 167 (1962), 31–41 .
Wachtel, P. L.: Psychoanalyse und Verhaltenstherapie. Stuttgart: Klett-Cotta, 1981.
„Wolfsmann" (Pankejeff, S. K.): Die Erinnerungen des Wolfsmannes. In: Gardiner, M. (Hrsg.) 1982, 15–166.
„Wolfsmann" (Pankejeff, S. K.): Meine Erinnerungen an Sigmund Freud. In Gardiner, M. (Hrsg.) 1982, 169–189.
Wolpe, J.: Praxis der Verhaltenstherapie. Bern: Huber, 1972.
Wolpe, J. & Rachman, S.: Psychoanalytischer „Beweis": Eine Kritik anhand von Freuds Fall des Kleinen Hans. In: Eysenck, H. J. & Wilson, G. D. (Hrsg.) 1979, 379–407.
Zimmer, D. E.: Der Aberglaube des Jahrhunderts. DIE ZEIT Nr. 45, 5. 11. 1982, 17–21.

Personenregister

Sachregister